La communication
et
la gestion

COLLECTION
ORGANISATIONS EN CHANGEMENT
Sous la direction de Yvan Tellier et Roger Tessier

Spontané et imprévisible, ou intentionnel et planifié, le changement est paradoxalement devenu, à notre époque, l'une des caractéristiques majeures de la vie des organisations.

Ainsi cette collection accordera la priorité à la diffusion d'ouvrages consacrés aux approches participatives du changement planifié, tels le développement organisationnel, les stratégies « qualité », le design sociotechnique et la formation aux habiletés démocratiques de base.

PARUS

La transition en Roumanie • Communications et qualité de la vie
Sous la direction de Roger Tessier

La communication et la gestion
Solange Cormier

À PARAÎTRE

Développement international et gestion de projet
Guy Noël

La supervision créatrice. Apprentissage, communication, évaluation
Michèle-Isis Brouillet

La formation dans les entreprises du XXIe siècle.
Dimensions stratégiques et opérationnelles
Danièle Ricard

Vivre le changement dans l'organisation du travail
Ginette Legault et Gilles Simard

La négociation raisonnée, une nouvelle approche dans les relations de travail
André Brillant et Pierre Deschesnes

Les méthodes non linéaires. Cerveau droit et changement planifié
Sous la direction de Paul Carle

La modernisation des entreprises au sein des nouvelles économies
Sous la direction de Marcel Simard

Stress interpersonnel et médiation
André Carrière

Le savoir pratiqué. Savoir et pratique du changement planifié
Roger Tessier

La communication
et
la gestion

Solange Cormier

1995
Presses de l'Université du Québec
2875, boul. Laurier, Sainte-Foy (Québec)   G1V 2M3

Données de catalogage avant publication (Canada)

Cormier, Solange, 1941 –

La communication et la gestion

(Collection Organisations en changement)
Comprend des réf. bibliogr. et un index.

ISBN 2-7605-0810-2

1. Communication en gestion. 2. Cadres (Personnel). 3. Communication dans les organisations. 4. Communication interpersonnelle.
5. Écoute (Psychologie). 6. Communication en gestion – Problèmes
et exercices. I. Titre. II. Collection.

HD30.3.C67 1995   658.4'5   C95-940608-5

Révision linguistique: Gislaine Barrette
Mise en pages: Composition Monika
Couverture: Richard Hodgson

ISBN 2-7605-0810-2

Dépôt légal – 2ᵉ trimestre 1995
Bibliothèque nationale du Québec
Bibliothèque nationale du Canada
Imprimé au Canada

TABLE DES MATIÈRES

Partie 1
Les gestionnaires et la communication

Chapitre 1

Partie 2
Les habiletés de communication

Partie 3
La manière de communiquer

Partie 4

Quelques pistes de développement

Chapitre 9

Annexe

R E M E R C I E M E N T S

Je remercie :

- les nombreux gestionnaires, conseillers et conseillères, participants et participantes avec lesquels j'ai eu le plaisir de travailler et dont les commentaires, les récits, les questions, les réflexions, les objections se trouvent à la source de ce livre ;

- Roger Tessier, professeur au département des communications de l'UQAM, pour m'avoir invitée à écrire ce livre ainsi que pour sa générosité, sa disponibilité, ses encouragements et la qualité de ses commentaires ;

- Yvan Tellier, professeur au département des sciences administratives de l'UQAM, pour son soutien fait à la fois d'exigences et de respect ;

- Simone Landry, présidente du syndicat des professeures et professeurs de l'UQAM, qui a trouvé du temps dans un horaire déjà fort rempli pour lire le manuscrit et proposer des formulations qui rendent justice à la présence des femmes gestionnaires ;

- mon fils, Frédérick Charette, qui a eu la générosité de commenter mon manuscrit avec la pertinence et la rigueur qui le caractérisent si bien ;

- Alexandra et David qui ont affectueusement obligé leur mère à allier le discours sur la communication et son application dans la vie quotidienne.

Enfin, je tiens à souligner la qualité de la présence à mes côtés de mon mari, Réjean Charette, qui sait écouter avec patience, respect et justesse; je lui adresse plus que des remerciements.

INTRODUCTION

Aujourd'hui plus que jamais, le fonctionnement des organisations est lié de près à la qualité des communications interpersonnelles. Les équipes de projet, les groupes multidisciplinaires, les comités de toutes sortes ne peuvent atteindre leurs objectifs que si les personnes les constituant maîtrisent suffisamment bien les compétences interpersonnelles de base.

Les communications qui provoquent chez autrui le sentiment de ne pas être entendu, respecté, d'être manipulé ou exploité engendrent des tensions, démotivent et entravent le développement de la synergie nécessaire entre toutes les ressources de l'organisation. À cet égard, la qualité des communications interpersonnelles préoccupe de plus en plus les gestionnaires. Comment susciter la motivation et la mobilisation de l'équipe? Quel rôle jouer dans les conflits entre collaborateurs? Comment souligner les contributions intéressantes sans éveiller la jalousie? Comment faire des remarques critiques sans blesser? Comment écouter sans perdre son temps? Comment vivre avec les susceptibilités individuelles? Comment collaborer avec un supérieur hiérarchique difficile? Il ne faut pas croire à l'existence de réponses simples à ces questions. La compréhension des phénomènes en cause et le développement des compétences requises contribuent à l'amélioration des communications dans l'organisation.

Cet ouvrage s'adresse donc à toute personne désirant mieux comprendre et mieux utiliser la communication interpersonnelle dans le contexte du travail. Il vise particulièrement les personnes convaincues de l'existence de liens étroits entre l'efficacité et la qualité (non la quantité) des communications interpersonnelles dans l'organisation.

La communication interpersonnelle forme la trame de la vie quotidienne, aussi bien dans la vie privée que dans la vie professionnelle. Les principes qui la sous-tendent demeurent fondamentalement les mêmes. Cependant, au-delà des principes généraux, la communication dans le monde du travail comporte des exigences spécifiques. C'est pourquoi la communication interpersonnelle sera traitée dans le contexte organisationnel, c'est-à-dire dans un contexte formalisé selon une structure plus ou moins hiérarchisée dans laquelle les tâches et les rôles individuels sont différenciés et où l'atteinte d'objectifs communs doit prévaloir sur les affinités interpersonnelles. Toute organisation comporte divers niveaux, définit les fonctions et les rapports entre chaque niveau et prescrit des règles relatives aux interactions. À la limite, le terme «organisation» peut désigner n'importe quel groupe poursuivant un objectif commun et fonctionnant comme une unité en vue d'atteindre cet objectif. Le terme «organisation» s'appliquera donc à tout système où deux personnes ou plus coordonnent, de façon consciente, leurs activités ou leurs efforts pour atteindre des objectifs établis.

Sous le vocable de «gestionnaire» seront regroupés tous les niveaux de gestion puisque, sur le plan de la communication interpersonnelle, les difficultés qui se posent sont presque toujours les mêmes à tous les niveaux d'encadrement. Dans le même sens, le terme de «collaborateur» ou «collaboratrice» désignera toutes les personnes ayant à travailler avec des responsables hiérarchiques ou fonctionnels. Par exemple, l'ensemble formé de gestionnaires et de collaborateurs peut aussi bien désigner un dirigeant-propriétaire et son équipe, une présidente et ses vice-présidents, un directeur et ses directeurs-adjoints, une conseillère et ses clients à l'interne, qu'un chef d'équipe syndiqué et ses employés, une chargée de projet et les membres de son équipe, un responsable et ses bénévoles.

Cet ouvrage est divisé en quatre parties. Dans la première partie sont abordés les liens entre la gestion et la communication (la dimension interpersonnelle de la gestion, les caractéristiques de la communication interpersonnelle). La deuxième partie traite des habiletés de communication de base: l'écoute, le questionnement et le feed-back. Une troisième partie est consacrée à la présentation des styles personnels de communication, à l'analyse de l'interaction entre les styles et aux forces et limites de chaque style. Enfin, dans une dernière partie sont proposées quelques pistes de développement à l'intention des gestionnaires qui désirent améliorer leurs habiletés personnelles de communication et participer activement à l'amélioration de la communication organisationnelle.

La communication et la gestion n'offre ni formules, ni recettes ; la communication humaine est trop variée et trop complexe pour mener à des réponses simples. Cependant, les textes, les exemples, les exercices, les études de cas et les questionnaires fournissent des pistes de développement concrètes. Les activités ont été conçues à la fois pour enrichir les réflexions individuelles et favoriser des échanges fructueux entre des personnes travaillant ensemble dans un milieu donné.

PARTIE 1

LES GESTIONNAIRES ET LA COMMUNICATION

CHAPITRE *1*

La dimension interpersonnelle de la gestion

Toutes les activités de gestion (la planification, l'organisation, la coordination et le contrôle) passent par le creuset de la communication. Pourtant, malgré beaucoup de bonne volonté, la communication interpersonnelle demeure le talon d'Achille d'un grand nombre de gestionnaires.

Stéphane est un jeune ingénieur qui, après avoir terminé son baccalauréat en génie industriel, a complété une maîtrise en administration. Il obtient son premier emploi à 27 ans comme superviseur de premier niveau. Un an plus tard, il est nommé responsable d'un groupe de neuf superviseurs; il est le plus jeune du groupe. Déterminé, organisé, intelligent, il pense gérer son équipe avec efficacité. Cependant, lors de l'évaluation annuelle, son supérieur immédiat, sans donner plus de détails, lui suggère de suivre une formation en communication interpersonnelle. Stéphane, perplexe, n'ose pas demander de précisions; mais comme il espère gravir les échelons de la hiérarchie, il s'inscrit à une session de formation portant sur ce thème[1]. Il semble attentif, participe

---

1. « La communication interpersonnelle : outil de gestion », Service de formation sur mesure. Sessions de formation en gestion. Université du Québec à Montréal.

intensément aux activités de formation et pose quelques questions qui toutes interrogent la pertinence d'accorder autant d'importance à la communication interpersonnelle. Au terme de la deuxième journée, il vient rencontrer la personne-ressource et lui dit: « Au début, je ne saisissais pas vraiment ce dont vous parliez, mais je commence à comprendre. Vous savez, pour moi, ce sont des réalités inconnues. Je n'avais jamais pensé à la gestion en ces termes ».

Cette réaction traduit la position de plusieurs gestionnaires à l'égard des réalités intangibles, multiformes, ambiguës et subjectives de la communication interpersonnelle. À l'instar de Stéphane, ce qui en surprend plusieurs lors d'un premier mandat, c'est le temps qui doit être accordé à la dimension humaine: les conflits interpersonnels, le manque de motivation, l'incompréhension, les malentendus, le besoin de reconnaissance, les susceptibilités individuelles, etc. Ces aspects de la gestion sont souvent envisagés comme des pertes de temps empêchant de consacrer le meilleur de son énergie aux « choses sérieuses » que sont la production, les mandats à réaliser ou les objectifs à atteindre. Établir des relations interpersonnelles efficaces et satisfaisantes avec leurs collaborateurs et leurs collaboratrices est sans contredit la tâche la plus difficile qui attend les gestionnaires lors d'un premier mandat en même temps que celle à laquelle ils sont généralement le moins bien préparés. Cette situation s'explique notamment par certaines caractéristiques des parcours menant à la gestion tant du point de vue individuel qu'organisationnel.

1. Comment devient-on gestionnaire?

Occuper un premier poste de gestion relève de la rencontre opportune d'un individu qui désire cette fonction et de certains développements récents dans l'organisation. C'est pourquoi il convient de rappeler, d'une part, les principaux facteurs motivant les individus à rechercher ou à accepter un premier mandat de gestion et, d'autre part, certaines modalités du processus de sélection ou de nomination des gestionnaires.

1.1. Les motivations et les opportunités

Devenir gestionnaire, qu'il s'agisse d'une vocation jamais démentie ou d'une promotion soudaine, permet d'accéder au pouvoir, au prestige et à la richesse (Felts, 1992; Hill, 1992; Payette, 1988). Le pouvoir de fixer des priorités, le pouvoir de décider, le pouvoir d'agir sur autrui, le pouvoir d'organiser son temps plus librement agissent comme des attracteurs puissants. L'aspirant gestionnaire pense qu'enfin il va pouvoir faire les choses à sa manière; mais il s'apercevra rapidement que tout n'est pas aussi simple qu'il l'avait prévu. D'autant plus que durant les premiers temps de son mandat, le gestionnaire est confronté à certaines embûches posées par les collaborateurs qui essaieront, plus ou moins consciemment, de mettre à l'épreuve son autorité. Cette étape sera décisive dans l'établissement d'un modèle général d'interaction entre le gestionnaire et ses collaborateurs. Modèle qui sera, d'ailleurs, difficile à modifier par la suite.

Le prestige associé à une promotion représente également une motivation non négligeable. Il ne faudrait pas minimiser l'importance de cette dimension de promotion sociale et des privilèges qui accompagnent un changement de statut (Payette, 1988). Le fait d'être pressenti et choisi pour un premier poste de gestion est perçu comme une marque de reconnaissance personnelle, professionnelle et sociale. Sortir de l'ombre et faire partie du groupe des gestionnaires est valorisant. De plus, en ce qui concerne le développement de sa carrière, l'accès à un poste de gestion représente souvent, pour l'individu, la seule possibilité d'avancement professionnel. Finalement, la filière de la gestion demeure encore le moyen le plus sûr d'augmenter son revenu à long terme. Il semble donc que, dans la mosaïque des motivations personnelles menant à la gestion, le désir d'agir comme facilitateur, animateur, coordonnateur et mobilisateur de ressources ne soit pas prédominant.

1.2. Le processus de choix des gestionnaires

Du côté des organisations, les personnes promues à un premier poste de gestion le sont principalement en raison de leur compétence technique ou professionnelle (Hill, 1992; Mainmon, 1986; Stumpf et London, 1981). De ce fait se retrouvent aux postes de gestion d'excellents ingénieurs, mécaniciennes, médecins, infirmières, comptables, enseignants, informaticiennes, etc. Bien sûr, sont choisis des individus qui semblent faire preuve de leadership et d'autonomie, qui sont capables de s'affirmer et qui manifestent une certaine confiance en soi. Toutefois, ce leadership est souvent étroitement associé à leur compétence spécifique. C'est ainsi que, du jour au lendemain, riches d'une expertise dans un domaine donné, ces spécialistes se retrouvent à la tête d'un groupe de personnes qu'ils doivent diriger, animer, coordonner, superviser, écouter, encourager et stimuler, ce qui leur laisse peu de temps pour se consacrer à la discipline dans laquelle ils excellent. Toutefois, ils ne tardent pas à pressentir que la gestion s'appuie autant sur leurs habiletés de communication que sur la pertinence de leur planification et de leurs décisions, ou sur leurs compétences techniques ou professionnelles. Dès lors, ces gestionnaires commencent à se demander quelles modifications devraient être apportées dans la manière d'exercer leur rôle, notamment en ce qui concerne l'utilisation de leur expertise d'origine. Car si leurs bonnes idées sur la manière d'effectuer le travail ne reçoivent pas l'adhésion des collaborateurs, elles demeureront stériles.

Anne, spécialiste hautement qualifiée en informatique, ne vit que pour son travail, auquel elle consacre beaucoup de temps; elle fait de nombreuses heures non rémunérées, lit beaucoup et suit des cours de perfectionnement. Souvent, elle présente des projets qui pourraient améliorer le service aux usagers et réduire le nombre de plaintes; la plupart du temps, ces projets restent lettre morte. On lui offre le poste de chef de service avec le mandat de rendre rapidement celui-ci plus efficace; elle accepte avec enthousiasme. Dès son entrée en fonction, elle tente d'imposer son rythme et sa ferveur aux membres de son équipe. Elle demande à chacun de formuler un projet et suggère du perfectionnement en dehors des heures de travail. Ses appels trouvent peu d'écho parmi ses collaborateurs et collaboratrices. Plusieurs lui laissent entendre clairement qu'ils font bien leur travail, qu'ils ne veulent pas en faire davantage et que la qualité de leur vie personnelle est aussi importante que le travail. D'autres, moins explicites, se montrent plutôt méfiants. Deux d'entre eux, croyant qu'ils auraient dû être choisis plutôt qu'Anne, éprouvent un certain ressentiment. Anne est déconcertée: rien ne se passe comme elle l'avait prévu. Elle a beaucoup moins de temps à consacrer à son domaine de prédilection puisqu'elle doit compléter nombre de formulaires, élaborer des rapports, participer à différents comités, toutes tâches dont elle ne voit pas toujours l'utilité réelle. Pour couronner le tout, elle se trouve prise au cœur de la dynamique interpersonnelle de son équipe. Des collaborateurs qui ne veulent pas travailler ensemble, d'autres qui se croient lésés dans

l'attribution des tâches, la compétition pour la reconnais-
sance des contributions individuelles, les demandes d'horai-
res spéciaux, les demandes de vacances au même moment,
les susceptibilités de chacun, etc. Anne, tenace et persévé-
rante, rêve encore de gérer le service avec efficacité, mais elle
commence à se demander si elle peut continuer de cette
façon. Il lui arrive même de se demander si elle a l'étoffe
d'une gestionnaire avec tout ce que cela comporte d'exigen-
ces au point de vue des rapports interpersonnels.

Cette difficile transition du rôle de spécialiste à celui de gestionnaire est ressentie avec encore plus d'acuité par les individus qui proviennent du domaine des sciences exactes. En effet, les gestionnaires qui ont reçu une formation où l'objectivité et la logique quantitative sont de rigueur éprouvent certaines difficultés à composer avec les problèmes de gestion ambigus, peu structurés et s'inscrivant dans une logique qualitative. Comment concilier les aspirations individuelles avec les exigences de l'organisation ? Comment prendre des décisions justes dans un contexte incertain ? Comment répondre à de multiples demandes souvent contradictoires ? Comment développer une expertise à coordonner un groupe de personnes possédant des valeurs et des intérêts variés ? Comment composer avec la dimension interpersonnelle de la gestion ? Autant de questions auxquelles chaque gestionnaire essaie d'apporter des éléments de réponse, individuellement et tant bien que mal, puisque ces problématiques sont rarement abordées ouvertement dans les organisations. Chacun tait ses interrogations et camoufle ses inquiétudes de manière à sauver la face mais en se privant ainsi d'occasions d'apprentissage et de soutien.

Dans ce contexte, les gestionnaires nouvellement entrés en fonction tout comme les autres reçoivent, à la fois de leurs collaborateurs et de leurs supérieurs, des incitations à gérer autrement et à mieux communiquer, sans savoir précisément ce que ces exhortations signifient.

2.　Les attentes organisationnelles à l'égard des gestionnaires

Actuellement, les gestionnaires de plusieurs organisations sont invités, par les membres de la direction ou de la présidence, à adopter une gestion plus moderne, laquelle recouvre des réalités mouvantes et mal définies. Depuis les années 60, à la suite de McGregor, nous assistons à une explosion des modèles d'organisation et de gestion. En effet, les nouveaux modes de gestion et les pratiques associées se multiplient à une vitesse effarante. La qualité totale, l'excellence, l'habilitation (*empowerment*), l'ingénierie culturelle, la gestion participative, la démocratie industrielle, la mobilisation, le projet d'entreprise, l'entreprise intelligente, les organisations apprenantes représentent autant de tentatives de nommer autrement ce qui doit constituer le cœur de la gestion postindustrielle. Parallèlement à ces nouveaux modes de gestion, le rôle du gestionnaire se trouve assimilé par analogie aux rôles d'autres disciplines : chef d'orchestre et entraîneur (Bennis, 1989 ; De Pree, 1986 ; Drucker, 1973), serviteur (D'Aprix, 1982), agent de bord et professeur (Senge, 1990), pilote du troisième type (Archier et Sérieyx, 1986), entraîneur et mentor (Everett et Selman, 1989 ; Orth *et al.*, 1987).

Il est compréhensible que les individus, faisant face à ces nouvelles métaphores, soient perplexes. Ils ne reconnaissent pas ces nouveaux modes de gestion chez leurs supérieurs hiérarchiques qui ne peuvent dès lors constituer des modèles à cet égard. Pourtant, les initiatives visant à promouvoir l'application de ces modes de gestion proviennent souvent de la haute direction à travers des discours plus ou moins convaincants. Par exemple, il arrive que les gestionnaires reçoivent, sous une forme autocratique, la commande de modifier leur approche de la gestion de manière à favoriser davantage la participation et la mobilisation de leur personnel ! Une telle façon de procéder pose évidemment de sérieuses difficultés aussi bien théoriques que pratiques.

Au point de vue théorique, les encouragements à adopter de nouveaux modes de gestion engendrent de la confusion. Par exemple, la plupart des gestionnaires, s'interrogeant sur le sens à donner à la gestion participative, se posent souvent les questions suivantes : « Qu'est-ce qu'ils veulent dire par gestion participative ?, S'agit-il de cogestion ?, Est-ce que ça implique qu'à partir de maintenant il va falloir consulter sur tout ? ». Les exhortations à communiquer davantage avec leur personnel provoquent des interrogations semblables : « On communique déjà trop ! Pourquoi communiquer davantage ? Si ça continue, on ne pourra même plus trouver le temps de travailler. »

Pour que les gestionnaires puissent avoir une vision, non pas commune, mais partagée des attentes à leur égard, il faudrait

prendre le temps de laisser s'exprimer et surtout d'entendre les
réticences, les craintes, les significations multiples et les interrogations que suscitent inévitablement ces invitations à gérer autrement. Malheureusement, les choses se passent rarement ainsi
parce que, désirant provoquer un changement culturel allant dans
le sens d'une plus grande participation, on oublie d'impliquer
ceux et celles qui seront porteurs de changement. Pour sortir de
cette impasse, les gestionnaires font de la fausse participation et
ressentent une certaine culpabilité à ne pouvoir agir autrement.
Pendant ce temps, à la base, pour toutes sortes de motifs plus ou
moins louables, on revendique haut et fort cette participation qui
a été promise par la direction (Pasmore et Fagans, 1992).

Au point de vue pratique, un contexte de restructuration, de
fusion ou d'acquisitions et de contraintes budgétaires accrues ne
favorise guère l'essai de nouveaux modes de gestion. De plus, les
gestionnaires qui tentent de mettre en œuvre une gestion différente doivent non seulement avoir droit à l'erreur, mais pouvoir
également compter sur le soutien de leur supérieur immédiat, ce
qui n'est pas toujours le cas. Les rencontres entre les représentants
des différents niveaux de gestion portent habituellement davantage sur le contrôle des politiques et procédures et sur l'atteinte
des résultats dans le respect du budget alloué que sur les processus
mêmes de gestion. Trop souvent, on insiste sur l'importance de la
communication interpersonnelle, alors que dans les faits on demande aux gestionnaires d'atteindre des objectifs tout en étant
financièrement prudents. En somme, comme le remarque Crozier
(1989, p. 95),

> *[...] ce que l'on reproche principalement aux cadres supé-*
> *rieurs, c'est de ne pas pratiquer eux-mêmes la gestion parti-*
> *cipative; d'être trop activistes, trop pressés, d'exiger des*
> *résultats concrets quantitatifs. Et de ne pas laisser à leurs*
> *cadres la liberté de mettre en œuvre le changement en fonc-*
> *tion des contraintes, des opportunités, des ressources des*
> *membres de leur équipe qu'ils sont les seuls à connaître.*

Il y a donc un écart systématique entre la théorie professée,
le discours des dirigeants et la théorie qu'ils appliquent à leur
insu, telle qu'on peut l'inférer à partir de leurs comportements
(Argyris et Schön, 1978). C'est ainsi que les gestionnaires, comme
le prétend Senge (1990), sont écrasés par un excès d'information,
par des changements trop nombreux et trop rapides et par de
nombreuses exigences contradictoires. Les réactions des gestion-

naires face à ces demandes sont multiples, allant de l'engouement
à l'espoir que le changement annoncé n'aura pas lieu.

3.   La gestion postindustrielle:
une nouvelle mode?

Devant les demandes de gérer autrement, la réaction des gestionnaires n'est pas univoque. Un petit nombre manifeste un enthousiasme non feint et désire ce changement sans toutefois savoir
comment passer du discours à la pratique. D'autres, inquiets,
attendent patiemment la suite des événements. Plusieurs formu-
lent secrètement le vœu qu'il ne s'agisse que d'une nouvelle mode
qui, au fond, changera peu les façons de faire dans le quotidien.
Et pourtant, même si nous verrons probablement apparaître de
nouvelles métaphores, il serait étonnant que ce mouvement de
fond disparaisse, car l'évolution qui marque les organisations
semble directement liée aux changements qui affectent la société
dans son ensemble.

Tout d'abord, au point de vue économique, la mondialisa-
tion et la globalisation des marchés exigent de plus en plus le
recours aux talents et aux ressources de toutes les personnes de
l'organisation; dans le même sens, l'intensification de la concur-
rence internationale oblige les organisations à accroître leur efficacité, leur mobilité et leur souplesse. Sous cet angle, gérer autrement n'est plus une option relevant de la bonne volonté et des
convictions personnelles des dirigeants, elle devient une condition de survie de l'organisation.

Ensuite, l'avancement technologique, l'automation, le développement informatique, l'explosion des connaissances et la surabondance d'informations modifient non seulement les règles du
jeu organisationnel, mais le jeu lui-même. La rapidité des changements auxquels sont confrontés les gestionnaires devient dès lors
un problème. En effet, l'évolution rapide des expertises transforme radicalement le rôle des gestionnaires. C'est ce qui fait dire
à Aubert et de Gaulejac (1989, p. 136) que «le management hiérarchique, directif, centré sur la production et le contrôle de
résultats quantifiables mensuellement, devient obsolète». Le gestionnaire «expert» se présentant comme celui qui sait le mieux et
le plus est en voie de disparition. De plus, il doit maintenant
composer avec nombre de professionnels et de spécialistes appelés
à jouer un rôle-conseil.

Au point de vue culturel, l'arrivée massive des femmes sur le marché du travail et leur accès à des postes de gestion, l'intégration des minorités ethniques, la complexité croissante des réseaux d'interdépendance et l'accroissement des niveaux d'instruction et d'éducation pour tous transforment également le paysage organisationnel. Plusieurs de ces modifications culturelles ont pour effet, d'une part, d'atténuer l'écart entre les différents niveaux des organisations et, d'autre part, de mettre en péril le modèle de gestion traditionnel toujours dominant. Par exemple, certains collaborateurs sont plus scolarisés que leur supérieur immédiat. Quel que soit le palier hiérarchique, on peut regarder les mêmes émissions télévisées, fréquenter les mêmes restaurants, jouer sur les mêmes parcours de golf, lire les mêmes livres ou journaux. D'autres collaborateurs ont entrepris à leur compte des démarches de développement personnel, ce qui leur procure un avantage psychologique sur leur supérieur hiérarchique.

En outre, la présence accrue des femmes et de personnes d'origines ethniques différentes à tous les niveaux de gestion augmente la diversité des modèles culturels, des valeurs, des manières de communiquer et de gérer, ce qui modifie considérablement les normes organisationnelles.

Par ailleurs, une nouvelle cohorte de collaborateurs mieux éduqués, plus informés manifestent de fortes aspirations d'autonomie, d'initiative et d'implication et exigent que leur travail ait un sens. En même temps, ces hommes et ces femmes, refusant de vivre uniquement pour l'organisation, se préoccupent davantage de leur qualité de vie. L'intégration des exigences familiales constitue une problématique qui les rejoint de plus en plus et traverse toute l'organisation. Par exemple, la planification des rencontres ou des comités en début ou en fin de journée doit tenir compte des horaires d'ouverture ou de fermeture des garderies.

Pour toutes ces raisons, les collaborateurs, comme l'affirme Crozier (1989, p. 62), « supportent de moins en moins la bêtise, les ordres et la hiérarchie ». Plus critiques, plus exigeantes face à la manière de gérer de leur supérieur immédiat, plus difficiles à intimider, ces personnes requièrent de comprendre le bien-fondé des directives venant d'en haut et, de ce fait, posent davantage de questions.

Ces transformations économiques, technologiques et culturelles rendent la tâche des gestionnaires de plus en plus complexe.

Déjà en 1975, Drucker affirmait que «les années à venir exigeront des managers un rendement bien supérieur à ce que chacun d'eux est capable d'imaginer, et ceci dans tous les domaines» (p. 16). Donc, espérer que ces nouvelles tendances soient éphémères ne semble pas de mise. D'autant plus que les appels en faveur de formes différentes de vivre dans l'organisation venant de tous les secteurs et de divers niveaux continuent de s'accroître. Parmi les présidents de grandes entreprises, les dirigeants de petites et moyennes entreprises, les administrateurs du secteur public et parapublic, les directeurs d'usines, les cadres de différents niveaux, le personnel, de plus en plus nombreuses sont les personnes qui pressentent la nécessité impérieuse que les rapports dans les organisations soient modifiés. Mais malgré beaucoup de bonne volonté, les changements souhaités tardent à s'actualiser, l'écart entre le discours et la pratique demeurant important.

4. En quoi consiste la gestion postindustrielle?

Tout d'abord, il faut remarquer que les concepts qui servent à définir la gestion postindustrielle ne sont pas nouveaux. À la suite du mouvement des relations humaines des années 40, plusieurs auteurs dont Argyris (1957), McGregor (1960) et Likert (1961) ont proposé des modèles de gestion orientés vers la participation, la rééquilibration du pouvoir et l'ouverture des communications. Mais comme le soulignent Borzeix et Linhart (1988, p. 39), pendant plusieurs années ce mouvement des relations humaines n'a pas «dépassé le cercle étroit de quelques humanistes éclairés». En pratique, ces approches ont donné lieu au courant du développement organisationnel, dont les premières expériences ont produit des changements impressionnants. En revanche, quand le développement organisationnel s'est transformé en technique, il n'a plus donné les résultats escomptés car, dans ce cas, on a oublié de prendre en compte les phénomènes d'enjeux politiques, les exigences de préparation et de formation du personnel et surtout le temps nécessaire à toute modification des mentalités, des attitudes et des valeurs (Hermel, 1988). Les gestionnaires, dans l'ensemble, sont restés sceptiques face à des théories qui leur semblaient certes intéressantes mais irréalistes, sinon surréalistes. Le lien entre les principes évoqués et la réalité quotidienne leur semblait plutôt ténu.

Encore aujourd'hui, les nouveaux modes de gestion sont trop souvent présentés de façon superficielle comme un ensemble préstructuré de techniques, du «prêt-à-porter» qu'il suffirait d'appliquer dans une organisation. Pourtant, ces modes de gestion correspondent à une définition différente de l'organisation et représentent un changement culturel radical dans les rapports organisationnels. Car au-delà des différences d'appellation, deux points d'ancrage interreliés se retrouvent: la participation réelle de tous et le remplacement du contrôle hiérarchique par la communication et la coordination.

4.1. La participation

Comme nous l'avons déjà souligné, la participation de tous se trouve au cœur de ces nouveaux modes de gestion. Pourtant, dès 1960, McGregor affirmait que «la participation est une des idées les plus mal comprises parmi celles qui ont émergé du domaine des relations humaines» (1970, p. 101).

À ce propos, Srivastva et Cooperrider (1986) relèvent que le langage utilisé pour parler de participation reflète une conception étroite de celle-ci. En effet, l'emploi de l'expression «faire participer» démontre *prima facie* une méconnaissance des réalités sociales et culturelles: les gens de l'organisation, qu'on le veuille ou non, participent à la construction sociale de l'organisation, ne serait-ce que par l'acte de non-participation. La non-participation est une forme de participation dans le processus de création, de maintien et de transformation des réalités personnelles et organisationnelles. En ce sens, la participation a toujours existé, mais il s'agit de «participation couverte, masquée ou encore clandestine» (Borzeix et Linhart, 1988, p. 46). Ce qui est nouveau, c'est le type de participation visé, une participation ouverte et reconnue comme telle.

Une participation accrue de toutes les personnes de l'organisation ne peut advenir par le moyen de techniques, de procédures ou de discours; la participation n'est pas une chose qui peut être donnée ou retirée à volonté, ni une technique qui peut être appliquée ou non, mais un processus dont la qualité importe davantage que la quantité. Une qualité de participation différente et plus exigeante repose essentiellement sur une transformation des mentalités, des attitudes, des croyances et des valeurs qui prévalent dans l'organisation. La personne en poste de gestion qui ne croit pas au bien-fondé de la participation, qui a une attitude autoritaire et une confiance en soi fragile, facilement ébranlée, ne peut vivre la participation sans entreprendre parallèlement une importante démarche de changement personnel. Du point de vue organisationnel, les gestionnaires ne peuvent faire l'économie d'une réflexion collective sur les valeurs et les attitudes qui fondent la participation, sur le type de participation qui leur convient, sur la qualité de participation à promouvoir.

Il est donc impensable de favoriser la participation sans modifier la conception de l'autorité et du pouvoir et ce, à tous les niveaux de l'organisation. En effet, une participation ouverte correspondant à une transformation culturelle implique une redéfinition de l'exercice de l'autorité et des responsabilités liées à la position hiérarchique. Ultimement, il s'agit d'une rééquilibration du pouvoir.

4.2.   La rééquilibration du pouvoir

La gestion postindustrielle repose sur l'intégration et l'articulation des différences structurelles ou hiérarchiques et des différenciations fonctionnelles. Elle implique la légitimation réciproque des différentes rationalités présentes dans l'organisation : l'approvisionnement, la production, les ventes, le marketing, les finances, la recherche, les intervenants et les administrateurs, l'usine et le siège social, etc. Sortir des oppositions séculaires entre ces groupes s'impose.

Souligner la responsabilité et la contribution de chacun plutôt que le pouvoir et l'autorité devient la tâche à laquelle les gestionnaires sont conviés. Et cela exige « des rapports hiérarchiques extrêmement fluides et des rapports horizontaux plus dynamiques et plus vivants, l'ouverture des champs de parole à tous les niveaux, la remise en question personnelle par les gestionnaires de leurs pratiques de la décision, de leur façon d'exercer l'autorité et de faire face à leurs responsabilités » (Crozier, 1989, p. 129).

La rééquilibration du pouvoir passe également par une modification des structures organisationnelles. Si la structure demeure fortement hiérarchisée, il est vain et inutile de tenter de mettre en œuvre de nouvelles formes de collaboration. Selon Landier (1991, p. 71), l'entreprise intelligente repose sur « le renouvellement des structures laissant une plus large place à l'initiative du personnel de la base. Ces formes de structure peuvent être la pyramide inversée, l'organisation plate, l'entreprise polycellulaire, l'organisation en réseau [...]».

Cette nouvelle articulation va donc de pair avec une manière différente de concevoir le pouvoir et un changement radical de la qualité des rapports humains dans l'organisation. Plusieurs expériences de participation accrue ont échoué parce qu'on a fait l'impasse sur une réflexion concernant la modification des rapports de pouvoir.

Centrée sur la participation et la rééquilibration du pouvoir, la mise en application d'une nouvelle gestion implique la redistribution et le partage du pouvoir et des opportunités, un système de communication décentralisé, ouvert et fluide, une approche intégrative à la résolution de problèmes, l'encouragement à relever des défis dans un environnement de confiance, la reconnaissance et la valorisation des personnes de façon à encourager la haute performance et la responsabilité personnelle et, finalement, la capacité de composer non seulement avec l'ambiguïté organisationnelle, l'inconsistance, le paradoxe et le changement, mais aussi d'apprendre individuellement et collectivement au contact de ces réalités et, ce faisant, de se changer soi-même (Albrecht, 1988 ; Pacanowsky, 1988).

C'est pourquoi, comme le prétendent Borzeix et Linhart (1988, p. 39), «s'en trouvent changées notamment les règles du nécessaire recours à des qualités humaines telles que la compréhension, le raisonnement, la communication, la vigilance ou la responsabilité». On voit se profiler l'importance du rôle de la communication interpersonnelle dans la gestion postindustrielle.

5.   La communication interpersonnelle et la gestion

L'importance de la communication interpersonnelle dans la gestion a depuis longtemps été mise en évidence. Cependant, la mutation de l'environnement et du fonctionnement des organisations modifie l'angle sous lequel sont abordées les communications interpersonnelles dans le milieu du travail. Dans un premier temps, le modèle des relations humaines misait sur la qualité des communications interpersonnelles pour assurer le respect, la dignité, la satisfaction et le développement des personnes. Par la suite, dans une optique culturelle, la qualité des communications interpersonnelles dans les organisations est devenue une condition de leur survie.

5.1. La communication et la satisfaction au travail

Depuis les années 30, sous l'influence du courant des relations humaines, les études sur la communication organisationnelle ont mis l'accent sur les liens entre la qualité des communications et la satisfaction au travail (Jablin, 1979; Muchinsky, 1976; Wheeless *et al.*, 1984). Comme le démontrent Goldhaber *et al.* (1978) dans leur analyse des évaluations de la satisfaction au travail, les comportements relevant de la communication rendent compte de plus de 60 % de la variance dans la satisfaction au travail. En effet, certains auteurs, dont Miles (1965), «considèrent que certains courants de l'école des relations humaines apparue aux États-Unis dans les années 30 prônent la satisfaction des individus obtenue en leur faisant admettre leur importance dans le processus, ce qui permet de réduire les tensions dans le service et de faciliter ainsi la tâche du manager» (Hermel, 1988, p. 118). L'importance de la communication dans le modèle des relations humaines repose sur le principe que les individus ont besoin de reconnaissance individuelle et du sentiment d'être utiles. Dans cette optique, les gestionnaires encouragent les collaborateurs à participer au choix entre différentes solutions et à la résolution de problèmes simples. Cette forme de participation est souvent perçue d'un point de vue fonctionnel comme une perte de temps, puisque les gestionnaires ont souvent la conviction de savoir quelle est la meilleure décision et comment les problèmes peuvent être résolus. Mais, pour maintenir un bon climat dans une équipe de travail, une telle mise en scène de la participation peut être élaborée de plus ou moins bonne grâce.

Plus satisfaits, les individus sont plus productifs et plus enclins à collaborer à l'atteinte des objectifs fixés par les gestionnaires ainsi que l'illustre la figure 1.1.

Dans ce contexte, la communication interpersonnelle est envisagée comme une activité théoriquement importante mais plutôt marginale dans les faits, une activité de luxe quand l'argent et le temps le permettent (O'Connell, 1979). Cette attitude à l'égard de la communication prévaut encore dans plusieurs organisations: la communication n'est importante que pour rendre les gens heureux ou pour améliorer le moral de l'équipe (Timm, 1980). Dès lors, on veut bien s'occuper de communication mais

Figure 1.1
Le rôle de la communication
dans le modèle des relations humaines

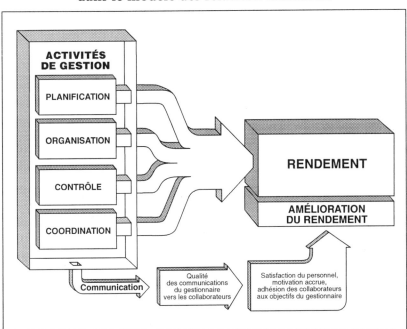

seulement quand les réunions seront terminées, les rapports rédigés et les appels retournés. Plusieurs gestionnaires ont d'ailleurs l'impression de perdre leur temps à interagir. En fait, le manque de temps invoqué pour justifier l'absence d'échanges significatifs met en relief le peu d'importance réelle accordée à la communication.

5.2. *La communication et la survie des organisations*

Dans un environnement turbulent, aucune organisation ne peut se priver de la valeur ajoutée apportée par la concertation synergique de toutes les ressources de l'organisation. Alors que l'importance de la communication dans le modèle des relations humaines s'appuyait sur le besoin de reconnaissance des individus, le modèle culturel dénonce les potentialités inexploitées. C'est ainsi que plusieurs études dont celles de Pacanowsky et O'Donnel-Trujillo (1983), Pondy *et al.* (1983), Smirchich et Morgan (1982), Tompkins (1984) et Weick (1987) mettent l'accent, non plus sur la communication comme une fonction parmi d'autres, mais sur les processus mêmes de communication qui, agissant à travers toutes les fonctions de gestion, construisent, maintiennent ou détruisent les organisations.

C'est ce qui fait dire à Wiio (1988, p. 95) que la communication dans les organisations «est vue principalement comme une variable interface plutôt qu'une variable intermédiaire. La communication rend tout le reste possible dans l'organisation. Sans communication, il ne peut y avoir ni organisation, ni gestion, ni coopération, ni motivation; sans communication, pas de ventes, pas de demande, pas de marketing et aucune coordination des processus de travail[1]». Dès lors, la communication constitue l'organisation plutôt qu'un phénomène qui se passe dans une organisation.

Dans cette optique culturelle, on s'interroge principalement sur la manière dont les gestionnaires et leurs collaborateurs communiquent pour atteindre à la fois leurs objectifs personnels et les buts organisationnels. En ce qui concerne les gestionnaires, la communication interpersonnelle représente non seulement un processus important dans la gestion, mais elle en constitue le fondement même (D'Aprix, 1988; Young et Post, 1993). Du côté des collaborateurs, comme l'affirme Felts (1992, p. 501), «c'est un non-sens de parler de contrôle interne ou de motivation à rencontrer les buts organisationels en dehors de réseaux de communication efficiente et efficace».

Les gestionnaires étant au service des collaborateurs, leur fonction principale consiste à éliminer les obstacles qui les empêchent d'être efficaces dans l'atteinte des buts organisationnels. Mais, encore là, cette composante majeure de leur rôle est tributaire de la qualité de leurs rapports interpersonnels. Pour s'engager dans une gestion qui met l'accent sur la participation et la rééquilibation du pouvoir, les personnes concernées doivent donc acquérir des compétences communicatives, notamment savoir écouter, expliquer, questionner, donner et recevoir du feed-back et faire face à des conflits. Cependant, devenir plus compétent sur le plan interpersonnel requiert à la fois un travail sur soi et une réflexion collective.

---

1.   Cet extrait a été traduit par nous, et il en est de même pour les citations tirées de publications anglaises apparaissant dans cet ouvrage.

Activité 1.1   Quelles sont mes valeurs comme gestionnaire?

Ce questionnaire peut vous aider à faire le point sur vos valeurs personnelles et les valeurs privilégiées dans votre organisation ou dans votre groupe de travail. Cette activité peut aussi servir d'introduction à une démarche collective d'identification des valeurs. Elle peut ainsi contribuer à augmenter la validité de vos perceptions de l'organisation en les confrontant avec celles d'autres collègues; elle permet également de mettre en évidence les valeurs partagées par les membres de votre groupe.

Quelle que soit la façon dont vous procédiez, ce qui importe c'est d'en faire le point de départ d'échanges et de mises en commun des valeurs privilégiées par les personnes qui doivent travailler ensemble à l'atteinte d'objectifs communs.

Légende: 5 = Extrêmement important
           4 = Très important
           3 = Plus ou moins important
           2 = Peu important
           1 = Pas du tout important

Consigne: À l'aide de la légende, indiquez, dans la colonne I, le degré d'importance que revêt, selon vous, chacun des énoncés dans l'atteinte des buts organisationnels.

Dans la deuxième colonne (II), indiquez votre perception de l'organisation ou la moyenne des valeurs accordées par les membres de votre groupe à chacun des énoncés. La troisième colonne (I-II) permet d'indiquer les écarts significatifs entre vous (I) et la moyenne de votre groupe ou l'organisation telle que vous la percevez (II).

	I	II	I-II
A. Le support et l'entraide mutuels.			
B. L'ouverture dans les communications interpersonnelles.			
C. L'initiative personnelle des collaborateurs.			
D. L'esprit d'équipe et la collaboration.			
E. La reconnaissance de ses erreurs.			
F. L'obéissance aux supérieurs hiérarchiques.			
G. Le tact, même s'il faut déformer quelque peu la vérité.			
H. L'autonomie individuelle.			
I. Le contrôle rigoureux des résultats.			
J. Le respect des politiques et procédures.			
K. Le feed-back aux supérieurs immédiats.			
L. Le feed-back aux collaborateurs.			
M. L'analyse en profondeur des problèmes avant d'agir.			
N. La pensée critique à tous les niveaux hiérarchiques.			
O. La résolution des conflits interpersonnels.			
P. La compétition dans l'organisation.			
Q. La confrontation des idées.			
R. L'évaluation régulière du rendement ou de la performance.			
S. La clarification des malentendus dès qu'ils surviennent.			
T. La surveillance et le contrôle du personnel.			

CHAPITRE 2

La communication interpersonnelle

L'accent mis sur la communication interpersonnelle nous oblige à passer sous silence les autres formes de communication organisationnelle : la communication écrite, la communication technologique, c'est-à-dire les programmes servant à générer, conserver, traiter et diffuser des données, les stratégies et les politiques de communication interne, les relations publiques, les discours et les allocutions. Ces modalités de communication, fort importantes par ailleurs, impliquent cependant à un moment ou l'autre des échanges interpersonnels. En effet, le niveau interpersonnel est celui où la plus grande partie du travail de l'organisation est accompli. C'est également le niveau où surviennent la plupart des difficultés et où s'évalue qualitativement le potentiel de survie de l'organisation (Goldhaber *et al.*, 1979 ; Jablin, 1979). De plus, en raison de la nature même de la gestion et des responsabilités incombant aux gestionnaires, la communication interpersonnelle et la gestion apparaissent inextricablement liées (Penley *et al.*, 1991 ; Timm, 1980).

1. Une définition de la communication interpersonnelle

De multiples définitions de la communication ont été proposées[1] et continuent de l'être. Depuis les années 40, sous l'influence de

---

1. Dance et Larson (1976) ont répertorié 126 définitions de la communication.

Claude Shannon et Warren Weaver, la théorie de l'information correspondant au modèle – source, message, canal, récepteur, effet et rétroaction – prévaut. Selon ce modèle, « la communication est définie comme le processus selon lequel une idée est transférée d'une source à un récepteur dans l'intention de changer son comportement» (Rogers et Rogers, 1976, p. 26).

Dans une perspective où la communication est associée à la circulation et au transfert d'information, les efforts doivent viser la réduction des bruits et des interférences qui brouillent la transmission d'un message. Il s'agit, par conséquent, de déterminer les conditions qui assurent la transmission et la réception juste de l'information.

Cette approche a donné lieu, entre autres choses, aux recherches sur la persuasion dans lesquelles on a tenté d'identifier les caractéristiques de la source et du message qui permettent d'exercer de l'influence. Nous sommes encore fortement tributaires de ce modèle: les ouvrages proposant des recettes infaillibles pour influencer ou vendre relèvent de cette approche.

Utile à plusieurs égards, ce modèle axé sur la transmission et la réception de l'information s'avère cependant insuffisant pour rendre compte de la complexité de la communication interpersonnelle et surtout de son caractère interactif. En revanche, le modèle systémique et pragmatique offre des possibilités de compréhension de l'interaction humaine plus riches et plus fécondes. L'initiateur de ce mouvement fut Gregory Bateson qui, en 1952, fonda un premier groupe de recherche sur les paradoxes de l'abstraction dans la communication. À ce groupe se sont adjoints d'autres chercheurs et un deuxième groupe s'est constitué (Marc et Picard, 1984)[1]. Ces groupes et les recherches qu'ils ont menées sont habituellement connus sous le nom de «l'école de Palo Alto».

Selon cette approche systémique et pragmatique, l'essence de la communication réside dans les processus relationnels et interactionnels. Ce sont moins les individus et leurs caractéristiques particulières qui comptent que les rapports s'instaurant

---

1.   Le groupe fondé par Bateson en 1952 comprenait John Weakland, Milton Erickson, Jay Haley et William Fry. Un deuxième groupe s'est assemblé autour de D.J. Jackson, qui collabore avec Bateson, et de J. Ruskin et V. Satir; trois ans plus tard, P. Watzlawick s'est joint à eux.

entre eux. Dès lors, la distinction entre émetteur et récepteur devient superficielle, car elle néglige de prendre en compte tout ce qui se joue entre les personnes et souvent à leur insu. Comme l'exprime Varela (1989, p. 115), «l'acte de communiquer ne se traduit pas par un transfert d'information depuis l'expéditeur vers le destinataire, mais plutôt par le modelage mutuel d'un monde commun au moyen d'une action conjuguée».

> *Sylvie vient de terminer un travail d'envergure à la demande de son vice-président. Ce dernier avait insisté sur l'importance de ce document qui devait être remis à tous les gestionnaires. Sylvie a mis les bouchées doubles et produit un document impeccable. Jacques lui a confié ce mandat précisément parce qu'il connaît la rigueur de Sylvie. Au moment où Sylvie remet le document à Jacques, elle s'attend, vu l'importance dudit document, à ce qu'il prenne le temps de le regarder attentivement et de lui signaler les améliorations possibles. Mais Jacques, préoccupé par son intervention dans un comité important et assuré de la qualité du travail de Sylvie, jette un regard distrait sur le document et fait peu de commentaires. Sylvie demeure impassible et sort du bureau avec des sentiments mêlés de colère et de déception.*

D'un point de vue linéaire, la demande de Jacques a eu l'impact factuel désiré: la production d'un document de qualité. À ce niveau, il est juste d'affirmer que le message de Jacques, l'émetteur, a réussi à produire un comportement chez le récepteur, Sylvie. Toutefois, la qualité de leur collaboration ultérieure apparaît tout à coup incertaine.

Qui agit de façon déterminante dans cette interaction? Il serait possible d'énoncer de multiples hypothèses, toutes plausibles. Parce que Jacques a confiance en la qualité du travail de Sylvie, il reçoit le travail sans le regarder. Comme Sylvie ne montre pas sa déception, Jacques peut croire que sa manière de recevoir le document convient à Sylvie. Dans cette interaction, on peut donc affirmer que les deux protagonistes se sont influencés réciproquement. Analyser séparément les sentiments et les intentions des deux personnes en interaction apporte peu à la compréhension de ce qui se passe. Par contre, la compréhension de cette interaction elle-même et de son impact sur les interactions ultérieures entre Sylvie et Jacques ouvre des voies plus intéressantes.

D'un point de vue systémique, la recherche des causes cesse d'être l'élément déterminant, puisque chaque personne influence les autres et est influencée par elles, qu'elle le veuille ou non. La communication devient un processus ininterrompu impliquant «un échange mutuel entre les participants qui ne communiquent pas seulement de façon intentionnelle, mais sont continuellement engagés dans la communication» (Rogers et Rogers, 1976, p. 26). L'engagement dans la communication se définit dès lors comme un ajustement continuel aux événements ponctuels qui affectent les personnes en interaction. Par exemple, une personne prend l'initiative de l'échange, l'autre réagit verbalement et non verbalement; celle-là modifie imperceptiblement et plus ou moins consciemment ce qu'elle avait l'intention de dire, celle-ci réagit au message modifié, et ainsi de suite.

Une telle approche à la communication met davantage l'accent sur le caractère circulaire de la communication et sur la mise en commun plus ou moins réussie, non seulement d'informations, mais aussi de significations. Il faut comprendre ici que la signification n'est pas dans le message lui-même, mais qu'elle est créée conjointement par les personnes en interaction. Elle ne dépend pas seulement de ce que nous disons, mais aussi de la manière dont nous interagissons. La communication interpersonnelle, telle qu'elle est illustrée dans la figure 2.1, peut se définir comme l'échange d'informations et de significations créées et partagées entre deux personnes ou plus à travers les messages verbaux et non verbaux, en fonction d'un contexte donné.

La communication interpersonnelle sera abordée principalement sous l'angle relationnel et interactionnel. Nous entendons, par dimension relationnelle, l'aspect de la communication qui, au-delà du contenu du message, définit les interactants et leurs relations ainsi que la perception qu'ils en ont. L'interaction désigne l'influence réciproque et simultanée exercée par les personnes en présence et les attentes mutuelles qu'elles développent les unes par rapport aux autres.

Robert, directeur des finances, se veut très rationnel. Il transmet toutes les informations dont ses collaborateurs ont besoin. Il compte sur sa propre objectivité, sur sa rigueur et la clarté de ses messages pour éviter tout malentendu. Il se garde bien d'intervenir dans le domaine interpersonnel. Mais, paradoxalement, ses collaborateurs estiment qu'il a des problèmes de communication! Son attitude, perçue selon le registre de la froideur et du mépris, génère de l'insatisfaction. Les messages de Robert, aussi neutres et factuels soient-ils, véhiculent néanmoins des significations relationnelles.

Figure 2.1
**Une illustration du processus
de communication interpersonnelle**

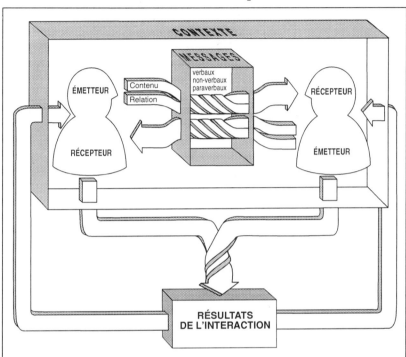

La communication interpersonnelle ne se réduit pas aux actes de parole : elle englobe tous les comportements, les indices et les symboles ayant valeur de message pour autrui. Le mutisme est aussi lourd de sens que la loghorrée. Le silence de celle qui boude est un message qui n'a de valeur que s'il est reconnu comme tel par quelqu'un d'autre. L'absence remarquée d'un invité à une rencontre prête à de multiples interprétations. Le non-dit et les omissions sont tout aussi évocateurs que la parole. C'est dans ce contexte que seront présentées les différentes caractéristiques de la communication humaine.

1.1. Les deux niveaux de la communication

Pour mieux situer la dimension relationnelle de la communication, nous nous référerons à Watzlawick *et al.* (1967), pour lesquels toute communication implique deux niveaux interreliés : le niveau du contenu explicite et le niveau relationnel qui véhicule des significations liées à l'état affectif des personnes en présence et leur relation. De façon simplifiée, le niveau du contenu correspond à ce qui est dit ou exprimé, et le niveau relationnel à la façon dont cela est dit et surtout reçu au regard du contexte. En effet, d'une part, le contenu explicite du message transmet des informations sur des faits, des opinions, des pensées, des sentiments; d'autre part, ce message donne en même temps des indices sur l'état affectif, les motivations, les intentions et les visées de la personne qui émet le message et sur la relation entre les deux partenaires. Ce deuxième niveau de signification passe souvent par la communication non verbale. Il est plus difficile à décoder, parce qu'il traduit la plupart du temps un ensemble complexe d'émotions et de sentiments concernant à la fois la signification du message et la relation entre les personnes. Il s'agit d'un message latent qui est toujours interprété de façon contextuelle et à la lumière des caractéristiques de l'interprète. De plus, l'expression de ces deux niveaux de sens, contenu et relation, n'est pas toujours congruente. Ainsi, quelqu'un peut parler de sa colère avec indifférence, alors qu'une autre personne insistera sur son indifférence avec une attitude rageuse. C'est le niveau de la relation qui nous permet de croire ou de douter de la parole de quelqu'un, d'évaluer sa sincérité, d'inférer ses intentions.

> *Une demande d'opinion d'une gestionnaire à un collaborateur, selon le ton utilisé, l'histoire de la relation entre les deux personnes et le contexte peut signifier: 1) je te demande ton opinion pour éviter que tu ne me le reproches si je ne le fais pas; 2) je te demande ton opinion pour avoir l'occasion de te prouver la supériorité de mon point de vue; 3) je te demande ton opinion, espérant que tu penseras comme moi; 4) je te demande ton opinion pour sauvegarder mon image de gestionnaire qui consulte; 5) je te demande ton opinion parce que ça m'intéresse (ça arrive parfois!).*

Les gestionnaires qui, déclarant leur porte toujours ouverte, s'étonnent de n'y voir jamais entrer personne, oublient que leur style relationnel, leur attitude, tout leur comportement non verbal incitent peu à l'ouverture. De même, «les gestionnaires qui, dans leur for intérieur ou inconsciemment, considèrent leurs collaborateurs comme des êtres de peu de valeur ne réussiront jamais à instaurer une gestion plus participative» (Orgogozo, 1988,

p. 39). Les contradictions entre le niveau du contenu des messages et le niveau relationnel engendrent méfiance et fermeture.

La dimension relationnelle de la communication comporte des significations qui ont souvent autant de poids et d'impact que le contenu du message. Dans un échange entre deux personnes, le choix des mots, le ton et la hauteur de la voix, le rythme du débit, la distance entre elles, le regard, les expressions non verbales, la posture, les mimiques et les gestes constituent autant de signaux qu'elles émettent et perçoivent souvent à leur insu. S'en tenir uniquement au contenu explicite du message équivaut à amputer l'interaction de significations nombreuses et essentielles : les problèmes dits « de communication » sont rarement le seul fait d'une mésentente au sujet du contenu.

C'est en gardant à l'esprit que toute communication interpersonnelle comporte deux niveaux de signification que nous aborderons d'autres caractéristiques de la communication.

1.2. Les caractéristiques de la communication

Par sa nature même, la communication interpersonnelle comporte certaines caractéristiques qui en expliquent, en partie, la complexité, notamment la position différente de chacun des interloculeurs et l'importance du contexte.

1.2.1. La position différente des interlocuteurs

Une première caractéristique de la communication interpersonnelle réside dans le fait que l'accès aux différents signaux n'est pas le même pour les deux personnes en présence. Celle qui parle n'a pas accès à ses propres expressions non verbales, dont elle n'est pas forcément consciente, puisqu'elle ne voit pas ses mimiques, ses gestes, sa posture alors qu'elle perçoit ceux de son interlocuteur. D'ailleurs, quand les personnes ont l'occasion de se revoir en interaction grâce au magnétoscope, elles sont souvent surprises de constater tout ce qu'elles révèlent, malgré elles, de leurs sentiments et de leurs émotions. Certains, lors d'une première expérience, hésitent même à se reconnaître.

Plusieurs incompréhensions proviennent du fait que les deux personnes en interaction occupent des positions diamétralement opposées. Pour celle qui parle, la signification de son message est liée de près à ses intentions. En revanche, pour celle qui écoute, la signification du message est tributaire de ses perceptions d'autrui. Comme le soulignent Marc et Picard (1991, p. 122), «il y a donc le plus souvent une dualité de sens; et bien des discussions et des malentendus proviennent de l'illusion partagée par les interlocuteurs d'un message univoque dont chacun pense détenir la vérité».

1.2.2. L'importance du contexte

Une deuxième caractéristique de la communication interpersonnelle concerne l'importance du contexte dans la signification des échanges. La signification n'est pas inhérente au message, mais elle existe dans les interrelations et les contextes (Mayurama, 1992). Le contexte modifie donc la signification des échanges. Par exemple, le choix du lieu où va se dérouler une interaction possède un caractère significatif. Convoquer un collaborateur à son bureau ou, au contraire, aller le rencontrer dans son espace de travail définit des contextes différents et influence de ce fait la signification de l'échange. Faire une remarque critique à une collaboratrice en présence de ses collègues n'a pas le même impact que si elle est transmise privément. Plusieurs «vérités» s'échangent entre personnes de niveaux hiérarchiques différents dans des contextes récréatifs et sont, par la suite, atténuées ou tenues sous silence de retour dans le milieu du travail.

Dans l'organisation, l'appartenance à des niveaux hiérarchiques différents, à des services en compétition, à des unités ayant des idéologies opposées créent des contextes dans lesquels les échanges sont fortement codés. Les échanges sont également contextuels dans le sens où ils s'inscrivent dans l'histoire organisationnelle, dans l'histoire de la relation entre les personnes et dans l'histoire personnelle de chacune d'elles.

En somme, les significations d'un message sont multiples. La production d'un message verbal simple et sans équivoque ne réduit pas nécessairement les interprétations possibles.

2. La communication et la définition de la relation

Au-delà du contenu du message, la communication implique une définition de la relation entre les deux personnes: quelles sont nos positions l'une par rapport à l'autre? Dans toute interaction, des définitions de la relation sont implicitement offertes, acceptées, rejetées ou modifiées par les personnes en présence. Ces définitions de la relation ne sont pas exprimées ouvertement; il est rare qu'on entende dire: «je suis supérieur à toi», ni «je veux que tu m'admires», ni «je ne te fais pas confiance». Pourtant, sans nous en rendre compte, nous entendons aussi ces propositions de définition de la relation et nous y réagissons d'une manière ou d'une autre.

Nos réactions indiquent que nous acceptons, contestons ou ignorons la définition de la relation proposée. Plusieurs échanges servent, non pas à régler le sujet de la discussion en cours, mais à définir la relation entre les deux partenaires. Car tant qu'il n'y a pas entente implicite sur les positions respectives des partenaires en interaction, des efforts seront investis pour définir cette relation à la satisfaction minimale des deux personnes en présence.

> *Il arrive souvent, dans les sessions de formation, qu'un participant expose au groupe un cas-problème sur un ton indiquant clairement qu'il a tout essayé et qu'il serait fort surpris qu'on puisse penser à une solution qu'il n'ait pas lui-même déjà envisagée. Par contre, les autres participants essaient en toute bonne foi de lui donner des pistes de solution. Dans ce cas, les deux parties ne définissent pas la relation de la même manière. Le participant demande implicitement aux autres d'être les témoins empathiques de son impuissance face à cette situation et ceux-ci répondent, au niveau du contenu seulement, se plaçant en situation de résolution de problèmes. Jusqu'à ce que quelqu'un tente de redéfinir la relation en demandant: «si tu es vraiment convaincu qu'il n'y a rien à faire, qu'est-ce que tu attends de nous?»*

À travers leurs échanges, les gestionnaires et leurs collaborateurs définissent et négocient, de façon implicite, plusieurs aspects de leur relation. Ces aspects incluent le partage de l'information, le degré d'influence réciproque acceptable, l'importance de l'autonomie et de l'initiative permises, le degré de soutien attendu et accordé, la considération et la confiance mutuelles (Graen et Scandura, 1987). Chacune de ces dimensions est implicitement négociée par les collaborateurs dans leurs interactions avec les gestionnaires.

> *Marie, propriétaire d'une petite entreprise de 25 employés, traite objectivement tous ses employés selon des principes*

d'équité. Mais tous savent, parce qu'ils l'observent au-delà des faits concrets, qu'elle accorde davantage de crédibilité et de confiance à Ginette et à Bertrand.

Cependant, avec le temps et à travers essais et erreurs, un modèle d'interaction émerge, les redondances de ce processus de définition donnant une forme ou une structuration à la relation (Fairhurst *et al.*, 1987). Les individus qui travaillent depuis longtemps ensemble ont développé un modèle d'interaction qui les dispense d'avoir continuellement à négocier implicitement les modalités de leur relation. Mais si certains réussissent à structurer un modèle d'interaction ouvert et dynamique, d'autres en viennent à s'éviter ou à n'aborder que des sujets anodins, ou encore à être continuellement en désaccord. La mutualité dans la définition de la relation constitue donc une condition fondamentale à la viabilité d'une relation.

3.   L'interdépendance

S'inspirant d'une approche constructiviste, Delia *et al.* (1982) et Gergen (1985) voient la communication comme une activité émergente et créatrice, par laquelle la réalité sociale est constamment recréée, affirmée, modifiée et transformée. À travers l'interaction, les individus acceptent, créent et modifient leurs interprétations partagées du monde ainsi que les formes d'organisation sociale auxquelles ils participent. C'est grâce à ces processus que se mettent en place des climats de travail et des cultures organisationnelles.

> *Les membres d'un groupe de travail qui, par le biais de leur interaction, en viennent à avoir une vision unanime d'un de leurs collègues illustrent cette dimension de la communication. Cette unanimité n'est pas équivalente à la vérité concernant cet individu, mais elle traduit le processus de construction d'une réalité sociale.*

Sur le plan interpersonnel, nous sommes interdépendants puisque nous sommes liés l'un à l'autre dans l'interaction ; nous sommes donc conjointement responsables du résultat de la communication dans laquelle nous sommes engagés. Puisque deux personnes ensemble créent une interaction, et puisque chacune peut la modifier ou la terminer à son gré, la responsabilité du processus et des résultats est partagée (Lowell, 1982). Que la responsabilité de l'interaction soit partagée ne signifie pas que les deux partenaires soient également responsables, notamment dans les organisations, où le pouvoir formel est inégalement réparti.

Mais toujours impliqués personnellement dans toutes nos relations, nous sommes complices, souvent de façon involontaire, des rapports que nous établissons avec les autres. Par exemple, si quelqu'un m'exploite en ne reconnaissant pas mon crédit dans un projet, je suis complice dans la mesure où je joue, sans le vouloir peut-être, le rôle complémentaire de l'exploité. De même, quelqu'un ne peut être en compétition avec moi sans que je le sois aussi avec lui.

> *Chantale, directrice, nous dit: «Mon directeur adjoint ne prend pas les décisions qui lui reviennent.» Mais, quand on écoute la version du directeur-adjoint, on l'entend nous affirmer: «Vous connaissez Chantale, ma directrice, elle tient à prendre toutes les décisions elle-même; maintenant que j'ai compris ça, je la laisse faire.» De l'extérieur, il n'y a aucun moyen de décider qui a raison ou tort. Tout ce dont on peut être certain, c'est que ces individus, en raison de leur interdépendance, concourrent tous les deux simultanément et à leur manière à maintenir cette interaction intacte.*

Il en va de même pour les participants se plaignant de ce que l'un d'entre eux monopolise la parole dans un groupe. Les participants plus silencieux sont complices de celui dont le temps de parole est exagéré, cependant que ce dernier encourage les plus silencieux à le demeurer. Il est même permis de penser que, tant qu'il persiste, ce modèle d'interaction convient assez bien à chacun. Comme l'affirme Putnam (1990, p. 58), «que nous le voulions ou non, la communication est une forme d'activité coopérative et non une activité essentiellement individualiste». Cette reconnaissance de l'interdépendance qui fonde toute interaction nous amène à étudier la symétrie et la complémentarité des rapports interpersonnels, ainsi que la ponctuation de l'interaction.

3.1. Les relations symétriques et les relations complémentaires

L'interdépendance des individus en interaction se manifeste dans des relations symétriques ou complémentaires. Selon Watzlawick *et al.* (1967), les rapports entre les personnes ne peuvent être que symétriques ou complémentaires.

Dans l'interaction symétrique, les personnes en présence tentent d'instaurer ou de maintenir l'égalité entre elles; leurs messages sont en miroir. Le comportement de l'une entraîne un comportement équivalent chez l'autre. Certaines discussions où chacun défend sa position avec acharnement illustrent l'interaction symétrique. Toutes les formes de compétition se situent dans la symétrie jusqu'à ce qu'il y ait un gagnant et un perdant.

Dans l'interaction complémentaire, « la relation est fondée sur la reconnaissance et l'acceptation des différences » (Marc et Picard, 1984, p. 51). Les interactants présentent des comportements qui, plutôt que d'être semblables, sont différents et l'un occupe la position haute et l'autre, la position basse. Les couples de comportements tels que donner–recevoir, questionner–répondre, demander–obtenir, parler–écouter, représentent des interactions complémentaires. Il ne faut toutefois pas confondre rapport complémentaire et rapport de pouvoir même si, comme le soulignent Marc et Picard (1989, p. 48), « la complémentarité glisse facilement vers une relation de pouvoir ».

La complémentarité peut se manifester sur le plan des rôles parent–enfant, orateur–auditoire, patron–employé, superviseur-supervisé, vendeur–acheteur. La complémentarité fonde également certaines caractéristiques personnelles telles que optimiste-pessimiste, rationnel–émotif, contrôlé–spontané, dépensier–économe, sérieux–frivole. Ainsi, je peux me voir comme quelqu'un de très optimiste, jusqu'au jour où, interagissant avec un individu encore plus optimiste que moi, je deviens le pessimiste de la dyade. À long terme, l'interaction complémentaire peut augmenter la différence entre les personnes en interaction.

Gilles et Isabelle commencent à travailler ensemble; Gilles a un rythme plus lent que celui d'Isabelle. Cette dernière qui décide et agit plus rapidement, s'impatiente et augmente quelque peu sa vitesse espérant ainsi accélérer le rythme de Gilles. Parallèlement, Gilles, devant la précipitation d'Isabelle, ralentit, tentant de cette manière d'amener sa partenaire à modérer son rythme. Ensemble, ces deux personnes, par le biais de leur interaction, accroissent l'écart entre elles. Il en aurait été autrement, si chacune, consciente de la dynamique de l'interaction, avait fait preuve de souplesse pour s'adapter au rythme de l'autre.

Il ne faut pas confondre l'interaction ponctuelle avec la relation qui se développe dans le temps. Une relation symétrique dans le temps peut être constituée de nombreuses interactions complémentaires où les deux partenaires tour à tour donnent et reçoivent, demandent et obtiennent, c'est-à-dire occupent alternativement la position haute et la position basse. Ainsi, la résolution de problèmes dans une approche gagnant–gagnant illustre un résultat symétrique obtenu grâce à une alternance, entre les deux partenaires, de rapports complémentaires où chacun, à tour de rôle, a cédé et reçu une partie de ce qu'il désirait.

Sans intervalle complémentaire, l'interaction symétrique aboutit à l'escalade : la discussion sans fin où chacun renforce sa position illustre cette forme d'escalade.

Répondre à une question en posant une autre question constitue une interaction symétrique :

« – Sur quoi as-tu travaillé hier ?

– Pourquoi me demandes-tu ça ?

– Qu'est-ce qui t'empêche de me répondre ?

– Ai-je dit que je ne pouvais répondre ? »

Cet échange, bien sûr caricatural, mène à une impasse à moins que l'un des deux interlocuteurs n'accepte de prendre la position complémentaire en répondant à la question de l'autre. Un deuxième exemple plus réaliste permet de voir comment une relation symétrique mène inévitablement à une impasse.

Martine, chef de service, a dans son équipe un représentant syndical, Paul. Ils interagissent suivant un modèle d'interaction symétrique. Paul conteste l'autorité de Martine, laquelle s'oppose au rôle que veut jouer Paul. À chaque réunion, les autres membres de l'équipe sont les témoins impuissants de l'affrontement voilé et poli entre les deux.

Pour que cette relation devienne viable, il va falloir que Martine et Paul définissent, ne serait-ce qu'implicitement, les modalités de leur complémentarité.

Pour qu'une relation soit viable, elle doit être composée d'interactions symétriques et complémentaires. L'interaction symétrique est importante pour confronter des idées, pour rééquilibrer la balance du pouvoir, mais il est impossible de parvenir à une entente ou à une décision sans avoir recours à des interactions complémentaires.

3.2. La ponctuation de l'interaction

Dans un modèle linéaire, les effets sont produits par des causes qui leur sont antérieures. Dans un modèle circulaire, par contre, les causes et les effets surviennent simultanément. Nous continuons toutefois à percevoir l'interaction de façon linéaire, soit comme une cause qui produit un résultat. Dès lors, il nous apparaît logique de chercher à marquer le début de l'interaction. Notamment, quand il y a conflit, on cherche celui qui a commencé, présumément coupable. Ce phénomène de marquage correspond à la ponctuation de la séquence des faits, par analogie avec l'écriture. La ponctuation effectue un découpage dans une suite ininterrompue de réactions et de contre-réactions. Chacun ponctue l'interaction à sa convenance, soit en s'attribuant le début de la séquence, soit en désignant l'autre comme la cause de sa propre réaction : «si j'agis de cette manière avec lui, c'est parce qu'il...». C'est une façon de se donner le beau rôle ou de se présenter comme victime du comportement de l'autre. Mais cette ponctuation est arbitraire en ce qu'elle isole un comportement du contexte des significations et des interprétations multiples qui l'accompagnent.

> Nicole nous dit comment elle doit toujours ramener Éric à la réalité parce qu'il est trop optimiste. Mais si on parle avec Éric, ce dernier nous explique comment il est obligé de faire preuve de créativité avec Nicole tellement cette dernière est conservatrice dans ses idées.

Nicole explique son comportement comme une réaction au comportement d'Éric, et il fait de même. Autrement dit, ils ne sont pas d'accord sur la ponctuation de leur interaction. Nicole inscrit le comportement d'Éric au début de la séquence, et ce dernier situe l'origine de l'interaction dans le comportement de Nicole.

La question de savoir si l'un des deux points de vue ou l'un des deux découpages est juste ou faux n'a pas de pertinence. Ce qui importe, c'est de saisir que la nature d'une relation dépend en grande partie de la façon dont les partenaires ponctuent leurs échanges et d'apprécier la nature hautement subjective de cette ponctuation.

4. La fonctionnalité de la communication

La communication est fonctionnelle : ce sont les actions produites par les personnes qui constituent la communication. L'action, une fois produite, acquiert une existence et une fonction propres et indépendantes de la motivation ou de l'intention ayant présidé à cette action. Il y a souvent un écart important entre l'effet d'un message sur la personne qui le reçoit et l'intention de celle qui l'exprime comme l'illustrent les remarques suivantes : «Ce n'est pas ce que je voulais dire», «Je ne voulais pas le blesser».

L'intention d'un chef de service est de partager le travail équitablement parmi les professionnels qui ont la possibilité de travailler à leur rythme : il leur demande donc un rapport hebdomadaire sur leurs activités. Cette bonne intention est perçue par les membres du groupe comme de l'ingérence, du contrôle et un manque de confiance.

Les réactions d'autrui à nos messages qualifient notre message lui-même. «Chaque être humain connaît une frange d'incertitude quant au type de messages qu'il émet ; et nous avons tous besoin, en dernière analyse, de voir comment sont reçus nos messages pour savoir ce qu'ils étaient» (Bateson, 1971, p. 130). C'est pourquoi, d'un point de vue fonctionnel, le seul message qui compte est celui qui est reçu (Axley, 1984 ; Redding, 1972). C'est là une des difficultés majeures de la communication interpersonnelle : non seulement devons-nous être attentifs à l'impact de nos messages, mais encore faut-il y voir un reflet de notre message lui-même. Par exemple, qu'est-ce qui fait que, alors que je voulais aider quelqu'un, mon conseil a été perçu comme une attaque personnelle ? Comment expliquer que je donne seulement mon opinion sur un projet et que le responsable du projet m'en veut ? Je peux toujours alléguer la susceptibilité d'autrui, mais cette conclusion ne contribue guère à améliorer la qualité des rapports interpersonnels.

Dans les organisations, on retrouve le cas classique du collaborateur convaincu que son supérieur a voulu lui cacher une information que ce dernier n'avait pas encore reçue. Si ce malentendu n'est pas élucidé, comme c'est souvent le cas, la détérioration de l'interaction sera identique à celle qui résulterait d'un comportement intentionnel. De même, une personne timide et mal à l'aise dans ses rapports interpersonnels risque de se voir attribuer des intentions de mépris, notamment par les individus qui sont à un niveau hiérarchique inférieur. C'est ce qui fait dire à Layole (1984, p. 32) que «l'intention, bonne ou mauvaise, n'est donc pas ce qui détermine l'apparition des problèmes de communication». D'un point de vue fonctionnel, les conséquences sociales de la communication sont plus importantes que les intentions de la personne qui parle.

5. La dimension émotive de la communication

Quand il n'y a pas trop d'émotivité, il est possible de travailler ensemble, d'approfondir l'analyse d'un problème et de trouver des pistes de solution. Mais quand l'émotivité s'intensifie, les échanges sont rarement fructueux dans la mesure où ce qui est débattu ouvertement sert à masquer des enjeux plus fondamentaux, lesquels impliquent l'identité et l'estime de soi. Or, dans le milieu de travail, les échanges interpersonnels s'inscrivent à des degrés divers dans une logique émotive liée de près à l'identité et à l'image sociale des individus en présence.

Certaines expériences contribuent à la confirmation de l'identité et soutiennent l'estime de soi. Voir un projet accepté, recevoir l'appui de ses collègues, être félicité constituent des expériences de valorisation personnelle. Par contre, d'autres échanges entraînent des sentiments d'échec, de dévalorisation et de menace personnelle. Dès que «la sécurité individuelle ou la valeur sociale» est en jeu, il y a menace psychologique et mise en place, de façon réflexe et inconsciente, de réactions défensives (Mucchielli, 1978, p. 19). Un individu se sent menacé toutes les fois qu'il perçoit, ressent consciemment ou inconsciemment, que son estime de soi, sa valeur sociale ou sa sécurité relationnelle sont en danger, qu'il risque d'être jugé, de se sentir blessé, d'être humilié, d'avoir honte, de perdre le contrôle de la situation ou encore d'être submergé par l'émotion. Pour contrer cette menace, il a recours de manière réflexe et souvent non conscient à des manoeuvres de protection; c'est ce que nous appelons les «réactions défensives».

5.1. Les réactions défensives

Les réactions de défense sociale ressemblent aux réactions normales devant un danger physique: la fuite, l'ignorance du danger ou une tentative de le maîtriser. Au point de vue psychosocial, on retrouve des mécanismes analogues: la fuite, la négation de la peur et les tactiques diverses visant à éviter ou à contrôler le danger. Les réactions défensives servent à sauvegarder, aux yeux des autres, une certaine image de soi et à conserver une forme de contrôle dans l'interaction. Dans un état défensif, «nous sommes centrés sur l'image de soi plutôt que sur la résolution du problème qui nous préoccupe» (Martin, 1983, p. 8).

Les réactions défensives opèrent de façon plus ou moins conscientes. Ainsi, elles se distinguent des stratégies conscientes élaborées pour éviter de perdre la face ou pour rétablir son image aux yeux d'autrui. Les catégories de réactions sociales défensives le plus souvent observées sont les réactions d'attaque, la soumission, l'évitement et la justification[1].

Les réactions d'attaque

Les réactions d'attaque servent à repousser ou annuler la menace. On fait peur avant d'avoir peur soi-même. Par exemple, les individus impulsifs sinon agressifs qui débarquent en colère, dans le bureau de leur gestionnaire, colère feinte ou plus ou moins réelle, sont dans un état défensif. La réaction d'attaque revêt des formes très variées: ton de la voix, insultes, poing sur la table, index tendu, propos destructeurs, méprisants ou ridiculisants, menaces voilées. Ces manifestations visant à impressionner ou intimider l'autre atteignent souvent leur but; on craint les personnages irascibles et, se protégeant, on les protège.

La soumission

La soumission se manifeste par le fait d'être gentil, d'obéir, de plaire, d'être d'accord. La personne cherche par tous les moyens à éviter l'affrontement, la critique ou le jugement. Elle fait tout ce qu'on lui demande et parfois davantage, espérant ainsi ne subir aucun reproche qui mettrait en danger son estime de soi. La soumission peut aller jusqu'à la victimisation laquelle vise à suspendre la menace ou le jugement en faisant appel à la pitié; pleurer, se présenter comme misérable sont donc des moyens de contrer la menace psychologique. Dans les organisations, les évaluations annuelles et le feed-back critique sont deux occasions où ces défenses apparaissent le plus souvent. Les gestionnaires ont

---

1. Nous n'avons retenu que les réactions défensives les plus communément observées et observables dans le milieu du travail.

tous eu à vivre cette situation où les pleurs de l'autre ont réussi à les paralyser dans l'expression de leurs remarques critiques.

L'évitement

L'évitement ou la passivité qui consiste à se faire oublier, à ne pas s'impliquer ou à tenir le rôle d'observateur sont des moyens de composer avec les situations sociales potentiellement dangereuses pour l'image de soi. S'abstenir de donner son opinion, rester silencieux quand on est en désaccord, éviter de prendre des risques constituent autant de moyens de contourner une menace potentielle pour l'estime de soi.

La justification

La justification comprend toutes les formes d'argumentation et d'excuses verbales visant à se protéger ou à rehausser l'image de soi aux yeux d'autrui. «Il s'agit, plus particulièrement de rejeter ce qui vient d'être dit, de l'expliquer autrement.» (Mucchielli, 1978, p. 31) La justification est la forme de défense sociale la plus répandue dans les organisations et en même temps la réaction défensive perçue comme telle avec le plus d'acuité par l'entourage.

> _Dans une session de formation, Michèle reçoit des commentaires critiques sur sa performance dans un jeu de rôle sur l'écoute. Elle devient nerveuse et explique avec force détails et d'une manière qui se veut convaincante pourquoi elle a posé telle question, pourquoi elle n'a pas entendu telle remarque de son interlocuteur, etc. Pour finir, elle prétend que dans la «vraie vie», elle écoute beaucoup mieux. Perplexes, les participants écoutent distraitement le contenu des arguments et sont fascinés par l'aspect défensif de cette réaction. Seule Michèle, sur le moment, n'en est pas consciente._

Les réactions que nous venons d'évoquer ne constituent pas en soi des comportements défensifs. Ainsi, on peut être outré d'une décision, rester silencieux pendant une réunion, avoir réellement de la peine, présenter des arguments à l'appui de son point de vue: ce ne sont pas nécessairement des comportements défensifs. Ils le deviennent quand ils servent à contrer la perception ou l'appréhension d'une menace à son intégrité sociale.

Certains critères permettent de reconnaître les réactions défensives, notamment l'exagération, la rigidité et le manque de congruence entre l'expression verbale et l'expression non verbale. L'exagération du comportement représente un critère valide de la «défensivité»; trop d'agressivité, de retrait, de gentillesse ou de justifications sont des indices relativement sûrs d'un comportement défensif. La rigidité dans le temps représente un autre indice de défensivité; la personne qui prend toujours un ton agressif pour se protéger, qui reste continuellement en retrait, qui est toujours gentille et d'accord se situe dans le pôle défensif. Enfin, le manque de congruence entre le verbal et le non-verbal, dû à la tension provoquée par le fait de réagir différemment à deux niveaux, même s'il est plus difficile à déceler, constitue l'indice le plus valable de défensivité.

Bien que la défensivité d'autrui soit assez facilement repérable, elle l'est malheureusement beaucoup moins chez soi. À peine a-t-on pris conscience de son impatience ou de sa colère que l'interlocuteur en a, lui, depuis un moment déjà, reconnu les indices. Par contre, il y a des différences individuelles importantes dans la défensivité: certains se sentent facilement menacés alors que d'autres, éprouvant davantage de sécurité personnelle, deviennent moins rapidement défensifs. Mais au-delà de ces différences individuelles, certains comportements et attitudes provoquent presque inévitablement la défensivité d'autrui.

5.2.   Les comportements suscitant un climat défensif

De façon générale, les comportements qui, indépendamment de l'intention, amènent autrui à se sentir nié, méprisé, dévalorisé, inférioré ou invalidé rendent défensifs. Quand ces types de comportements deviennent fréquents dans un groupe ou une organisation, ils suscitent un climat défensif. Gibb (1961) décrit six catégories de comportements susceptibles de provoquer des climats défensifs dans les groupes ou les organisations.

L'évaluation

Toute forme de jugement, implicite ou explicite, portant sur la personne, ses valeurs, ses principes ou ses intentions provoque des réactions défensives. Ainsi, les évaluations annuelles qui portent en principe sur des performances rendent néanmoins défensifs parce que les individus se sentent jugés personnellement à travers l'évaluation de leur travail.

Le contrôle pointilleux

Le contrôle pointilleux peut prendre diverses formes : l'insistance légaliste sur les détails, la mise en place de politiques et procédures tatillonnes, des pressions pour renforcer les normes de conformité. Un tel type de contrôle rend défensif en ce qu'il laisse entendre que l'autre n'est pas responsable et qu'il est incapable de poser des jugements. Son autonomie se trouve ainsi invalidée.

La stratégie

L'utilisation de trucs ou de ruses pour manipuler rend l'autre défensif. Elle vise à faire croire à l'autre que ce que nous souhaitons lui voir faire émane de son propre désir. Les individus sont particulièrement sensibles aux stratégies manipulatrices et, souvent, le seul à croire à l'efficacité d'une manipulation stratégique est celui qui l'utilise. La fausse participation fait partie de ces stratégies en ce qu'elle a pour but de faire croire aux gens qu'ils participent à la décision, alors que, dans les faits, c'est invariablement celle du gestionnaire qui prévaut. De même, le mensonge ou la rétention de l'information comme stratégie créent des climats défensifs.

La neutralité

Apparenté au mépris, le fait de traiter l'autre comme un objet sans importance, de le traiter de manière neutre, le rend défensif parce que cette attitude nie ou ignore sa valeur personnelle. En réaction aux gestionnaires adoptant des comportements de neutralité, il arrive souvent que les collaborateurs aient recours à toutes sortes de manœuvres pour être reconnus comme personnes.

La supériorité

Une attitude qui laisse entendre sa supériorité sur l'autre par sa position, son pouvoir, sa richesse, ses habiletés intellectuelles, ses caractéristiques personnelles ou tout autre critère éveille chez autrui des sentiments d'incompétence. Considérer ses collaborateurs comme des êtres de peu de valeur crée un climat défensif.

Le dogmatisme

L'individu qui affirme ses idées comme des vérités inattaquables qu'il faut défendre à tout prix provoque des réactions défensives. Les individus qui ne partagent pas sa vérité se sentent facilement dévalorisés et méprisés. Dans l'interaction, les personnes dogmatiques sont plus préoccupées d'avoir raison que de trouver des solutions à des problèmes communs.

Selon Gibb (1961), les six catégories interagissent. Par exemple, le comportement évaluatif de la part de quelqu'un, qui par ailleurs fait preuve d'ouverture, se place sur un pied d'égalité et respecte l'autonomie de l'autre, ne provoquera peut-être pas de défensivité. Par contre, la personne dogmatique qui manifeste une attitude de supériorité et exerce un contrôle dans les détails contribue fortement à créer un climat défensif, surtout si de surcroît cette personne se trouve en position d'autorité.

5.3. *L'atténuation des réactions défensives*

Une attitude défensive constitue un obstacle insurmontable sur la voie d'un échange minimalement satisfaisant et efficace. L'individu qui se trouve sur la défensive est constamment préoccupé par la réduction de la tension provoquée par cet état. À court terme, comprendre la position de l'autre et tenter de trouver un terrain d'entente ne font pas partie de ses objectifs réels. En outre, la défensivité est contagieuse: une attitude défensive nous rend nous-mêmes souvent défensifs. La défensivité modifie le comportement d'une manière presque imperceptible: les intonations, le rythme de la respiration, la coloration de la peau sont autant de signaux qu'on reçoit et auxquels on réagit inconsciemment, au point d'être à son tour gagné par la peur, la nervosité ou l'entêtement.

Quand deux individus défensifs essaient de travailler ensemble, cela leur demande beaucoup d'énergie et le résultat est souvent pitoyable parce que l'enjeu réel n'est pas l'objectif explicite, mais bien le rétablissement de l'estime de soi et d'un certain confort relationnel. Parce que les réactions défensives sont d'abord autoprotectrices, elles entravent le développement d'une relation féconde, laquelle exige de se décentrer et de travailler à l'atteinte d'un objectif commun. C'est pourquoi il importe de réduire la défensivité quand elle se manifeste, même si notre intention n'était pas de provoquer chez autrui de telles réactions.

Atténuer la défensivité chez l'autre requiert, au préalable, un effort délibéré pour ne pas verser soi-même dans la défensive, il faut être suffisamment présent à soi et conscient de l'interaction pour contrôler son propre besoin de valorisation personnelle.

Parmi les habiletés de communication, l'écoute active demeure le moyen le plus susceptible de diminuer efficacement la défensivité. C'est peine perdue que de continuer à argumenter avec quelqu'un qui est sur la défensive, il faut alors s'arrêter et entendre son point de vue. S'il nous est impossible de le faire, il vaut mieux remettre l'entretien à plus tard.

Dans certains cas, nommer ce qui se passe peut permettre de sortir du cercle de la défensivité. Quand l'un des partenaires est en mesure de mettre entre parenthèses le sujet de discussion pour commenter l'interaction, en disant, par exemple: «Présentement, je crois que chacun de nous est davantage préoccupé d'avoir raison que de trouver un terrain d'entente. Peut-être vaudrait-il mieux en rester là pour le moment», il y a de fortes chances de sortir de l'impasse.

Plus les organisations deviennent complexes, plus l'importance de la communication interpersonnelle augmente. Le travail en équipe, les groupes d'innovation, les comités de toutes sortes deviennent complètement inefficaces quand des enjeux personnels en pervertissent la fonction première. La prise en compte des dimensions émotives, interactives et relationnelles des échanges interpersonnels sous-tend le développement des habiletés de communication.

6.   La compétence communicative

Le degré d'habiletés de communication que possède un individu est souvent relié à la compétence communicative (Penley _et al.,_ 1991). Évoquer la compétence communicative implique que les échanges interpersonnels puissent être plus ou moins réussis. Cependant, comme la communication interpersonnelle s'inscrit dans la complexité des rapports sociaux, lesquels incluent, entre autres, les rapports de pouvoir, en identifier les conditions de réussite est une entreprise périlleuse. Le risque est grand de tomber dans le piège de fournir des recettes proposant des moyens simples d'aplanir toutes les difficultés communicationnelles. La complexité de l'interaction humaine empêche de penser à des modèles simples. C'est à la lumière de ces réserves que nous tenterons de préciser la notion de communication réussie dans le contexte organisationnnel.

6.1. La communication réussie

Il n'y a pas de démarcation claire entre les communications réussies et celles marquées par l'échec. Cependant, tous connaissent aussi bien les effets destructeurs, paralysants et aliénants des communications bloquées ou pathologiques que le sentiment de satisfaction découlant de communications plus saines. À cet égard, il convient de rappeler la distinction entre la communication et la relation. La communication réfère à tout échange ponctuel de significations entre au moins deux individus. Par contre, la relation s'applique au modèle d'interaction qui se développe dans le temps. Par exemple, je peux avoir un échange difficile avec une personne avec laquelle, par ailleurs, la relation dans l'ensemble est satisfaisante. Cette difficulté temporaire pourra être traitée sans altérer la qualité de la relation. À l'inverse, la relation bloquée avec certaines personnes empêche toute communication satisfaisante.

Réussir une communication implique un mouvement vers l'atteinte des objectifs des personnes en présence; la communication se situant à deux niveaux, l'atteinte des objectifs revêt également un double caractère. C'est ainsi que la communication réussie répond à deux critères, l'un fonctionnel et l'autre phénoménologique.

D'un point de vue fonctionnel, la communication est réussie quand elle permet de travailler ensemble, de définir et d'atteindre des objectifs communs. Sous cet angle, la communication réussie est efficace. C'est en ce sens que Spitzberg et Cupach (1988) définissent la compétence relationnelle par le degré selon lequel les objectifs fonctionnellement reliés à la communication sont atteints à travers une interaction coopérative appropriée au contexte interpersonnel. Mais le seul critère d'efficacité n'est pas suffisant à la communication réussie. En effet, certains échanges, bien qu'atteignant les résultats escomptés, engendrent tellement de stress, de malaise, voire de souffrance, qu'on ne peut parler de communication réussie sans tenir compte du plan subjectif.

Du point de vue phénoménologique, la communication est réussie quand elle s'accompagne d'une satisfaction intersubjective chez les partenaires en présence. Cette satisfaction intersubjective s'articule autour de la manière dont vraisemblablement chacun désire être traité. À cet égard, certains types de comportements interpersonnels ont plus de chances que d'autres de contribuer à rendre l'échange mutuellement satisfaisant. Ainsi, selon Bolton et Bolton (1984), l'honnêteté, l'équité et le respect mutuel contribuent grandement à l'établissement de relations satisfaisantes. Parallèlement à ces dimensions morales, certains facteurs de compétence interpersonnelle facilitent la fluidité et l'ouverture des rapports.

6.2. Les facteurs de compétence

Préciser des facteurs de compétence communicative ne signifie pas proposer un modèle de communicateur idéal, mais plutôt fournir des pistes d'élargissement du répertoire personnel de comportements, ce qui ajoute des possibilités de liberté et de créativité. Pour les gestionnaires, il ne s'agit pas de vouloir devenir le communicateur idéal qui n'existe pas, mais le communicateur suffisamment bon, renvoyant à l'expression utilisée par Winnicott quand il parle de la mère suffisamment bonne, «*the good enough mother*». Le gestionnaire suffisamment bon communicateur est une personne qui, dans ses rapports interpersonnels, n'engendre pas de stress inutile, ne sème pas la confusion par des propos ambigus, n'étouffe pas la créativité et l'autonomie et ne porte pas atteinte à l'intégrité et à la valeur personnelle de ses collaborateurs.

Plusieurs critères de compétence interpersonnelle ont été proposés (voir Spitzberg et Cupach, 1984). Pour notre part, nous retenons les trois habiletés de communication qui constituent le fondement de toute communication sur le plan relationnel: l'écoute, le questionnement et le feed-back. Plusieurs autres habiletés de communication ne seront pas abordées parce que, selon notre expérience, ces trois habiletés sont celles qui méritent d'être développées davantage chez les gestionnaires. En effet, la plupart utilisent déjà avec bonheur l'argumentation, la persuasion, la démonstration ou l'affirmation de soi.

Sur le plan relationnel, ces habiletés de communication peuvent être disposées sur un continuum qui va d'une attitude de soutien à une attitude de confrontation. Le soutien n'est pas la réassurance, ni la prise en charge de l'autre. Dans une attitude de soutien, je reconnais comme valide la position de l'autre au regard de son contexte, de son histoire, de ses valeurs et de ses croyances; je mets alors entre parenthèses ma position pour accéder au monde de l'autre. Cette attitude implique une centration sur l'autre et une réceptivité à son monde intérieur.

Cependant, comme partenaire de l'interaction, je dois aussi apporter ma propre contribution, ma vision des choses différente de celle de l'autre. Quand, *après* avoir compris le point de vue de l'autre, j'introduis mon propre cadre de référence, j'interroge certaines prémisses, je me déplace vers le pôle de la confrontation. Les deux attitudes de soutien et de confrontation sont structurellement nécessaires pour qu'un échange soit fructueux (Keen, 1976).

Figure 2.2
**Les habiletés de communication:
du soutien à la confrontation**

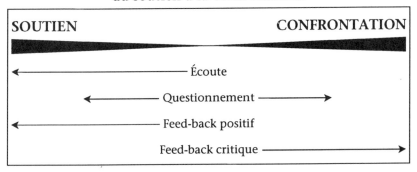

Comme l'illustre la figure 2.2, l'écoute et le feed-back positif se situent sans équivoque du côté du soutien; en revanche, le feed-back critique comporte toujours une certaine dimension de confrontation. Quant au questionnement, il constitue une certaine forme de soutien dans la mesure où il demeure dans le cadre de référence de la personne interrogée. Par contre, le questionnement devient confrontant quand il oblige, en quelque sorte, l'autre à intégrer un cadre de référence différent du sien.

L'écoute, le questionnement et le feed-back forment une boucle interactive et, sont, de ce fait, nécessaires dans tout échange interpersonnel. Donner du feed-back critique sans demander la réaction risque de produire des effets indésirables. Écouter l'autre sans questionner ni réagir, c'est le laisser monologuer. Répondre à quelqu'un avant de s'assurer de l'avoir bien compris ouvre la porte aux malentendus. Entendre des propos vagues sans s'enquérir de leur fondement est une perte de temps. Le développement de ces trois habiletés de communication se trouve donc au cœur de l'amélioration des rapports interpersonnels dans les organisations.

Activité 2.1 Auto-évaluation des habiletés de communication

Consigne : Vous trouverez ci-dessous des attitudes et des comportements qui favorisent la réussite des communications interpersonnelles dans le monde du travail. Procédez à votre auto-évaluation pour chacun des énoncés en utilisant l'échelle proposée.

Très peu	1 2 3 4 5 6 7	Beaucoup	
A.	Je porte attention aux indices non verbaux émis par les autres.		
B.	Je cherche à comprendre des idées différentes des miennes.		
C.	J'essaie de saisir le cadre de référence de mon interlocuteur.		
D.	Je reformule les propos de l'autre avec justesse.		
E.	Je suis à l'aise dans le monde des émotions.		
F.	J'accepte les suggestions de mes collaborateurs.		
G.	Je demande des précisions, des clarifications.		
H.	Je veille avec soin à distinguer entre les faits et les opinions.		
I.	J'encourage l'autre à clarifier sa pensée.		
J.	Je donne du feed-back critique quand c'est nécessaire.		
K.	Je souligne les actions ou comportements que j'apprécie.		
L.	J'ai conscience des effets de mon comportement chez les autres.		
M.	J'accepte que les autres me donnent du feed-back critique.		
N.	Je reconnais ouvertement mes erreurs.		
O.	Je demande aux autres d'être critiques dans leur feed-back.		
P.	Je m'adapte aux personnes avec lesquelles j'interagis.		
Q.	Je prends l'initiative de régler les malentendus dès qu'ils surviennent.		
R.	Quand on me conteste, je suis capable d'en discuter calmement.		
S.	J'exprime clairement mon désaccord.		
T.	Je m'excuse quand c'est approprié, sans me justifier outre mesure.		
		TOTAL	

Corrigé p. 241.

Activité 2.2 *Validation des résultats*

Consigne: Vous trouverez ci-dessous des attitudes et des comportements qui favorisent la réussite des communications interpersonnelles. Je vous demande de procéder à mon évaluation pour chacun des énoncés en utilisant l'échelle proposée.

Très peu   1   2   3   4   5   6   7   Beaucoup

A. Porte attention aux indices non verbaux émis par les autres.

B. Cherche à comprendre des idées différentes des siennes.

C. Essaie de saisir le cadre de référence de son interlocuteur.

D. Reformule les propos de l'autre avec justesse.

E. Semble à l'aise dans le monde des émotions.

F. Accepte les suggestions de ses collaborateurs.

G. Demande des précisions, des clarifications.

H. Prend soin de distinguer les faits des impressions ou des opinions.

I. Encourage l'autre à clarifier sa pensée.

J. Donne du feed-back critique quand c'est nécessaire.

K. Souligne les actions ou les comportements appréciés.

L. Semble avoir conscience des effets de son comportement chez les autres.

M. Accepte que les autres lui donnent du feed-back critique.

N. Reconnaît ouvertement ses erreurs.

O. Demande aux autres d'être critiques dans leur feed-back.

P. Dans ses interactions, s'adapte aux personnes en présence.

Q. Prend l'initiative de régler les malentendus dès qu'ils surviennent.

R. Devant la contestation, est capable d'en discuter calmement.

S. Exprime clairement son désaccord.

T. S'excuse quand c'est approprié, sans se justifier outre mesure.

TOTAL

Corrigé p. 242.

PARTIE 2

LES HABILETÉS DE COMMUNICATION

CHAPITRE *3*

L'écoute

L'écoute s'avère fondamentale, car elle seule permet à la fois de réduire le fossé qui sépare les être humains et d'apprivoiser la différence d'autrui sans y perdre son identité; elle constitue le mince filet qui nous relie à l'autre. Ainsi, l'écoute se trouve au cœur de la compétence interpersonnelle: «À moins de développer une préoccupation pour la compréhension d'autrui, il est impossible de développer son potentiel comme communicateur» (Timm, 1980, p. 6).

Au point de vue collectif, l'écoute déclenche des apprentissages culturels, des prises de conscience, une dynamique nouvelle, et elle contribue à donner un sens à la coopération. Dans une équipe de travail où les membres sont capables de s'écouter, la qualité des contributions individuelles est reconnue et valorisée, les remises en cause du statu quo sont acceptées, les défis sont encouragés et les erreurs sont considérées comme des occasions d'apprentissage.

Sur le plan des organisations, l'écoute est considérée comme la forme de communication interpersonnelle la plus importante (Hunt et Cusella, 1983). Après avoir mené une étude auprès de 63 entreprises, Johnson (1971) conclut que le bon fonctionnement de l'industrie dépend essentiellement de l'écoute en tant qu'élément de la communication (Floyd, 1988).

En ce qui concerne le développement des organisations, les changements culturels passent inévitablement par l'écoute. Selon Crozier (1989), l'implantation de nouvelles philosophies échoue le plus souvent parce qu'on ne sait pas écouter les personnes concernées par ces changements. En effet, on ne peut changer une culture organisationnelle qu'en s'appuyant sur ce qu'elle est actuellement. Or pour connaître cette culture et en déceler les possibilités novatrices, il faut être à l'écoute des personnes qui la constituent. Et, comme le souligne l'auteur, ce qui demeure essentiel dans toute démarche de mise en place d'un changement, «ce n'est ni la cohérence, ni le caractère systématique de la consultation, c'est la pratique de l'écoute» (p. 127).

Pour les gestionnaires, l'écoute représente l'habileté de communication la plus importante en raison, d'une part, du temps consacré à cette activité et, d'autre part, du rôle fondamental de l'écoute dans la dynamique de la communication interpersonnelle. L'importance du temps consacré à la communication dans les organisations a été maintes fois soulignée (Gronn, 1983; Johns, 1988; Meissner, 1976; Mintzberg, 1973). Ainsi, les résultats de l'étude de Rankin (1957) démontrent que les gestionnaires consacrent environ 70 % de leur temps à une forme ou une autre de communication. En moyenne, ce temps occupé par diverses modalités de communication est réparti comme suit: l'écriture, 9 %; la lecture de documents, 16 %; l'expression orale, 30 %; l'écoute, 45 %. Même si les résultats varient d'une étude à l'autre, l'écoute demeure l'activité à laquelle les gestionnaires consacrent la majeure partie de leur temps de communication (Lewis, 1987; Steil _et al._, 1983; Sypher _et al._, 1989; Weinrauch et Swanda, 1975). Mais ce temps alloué à l'écoute est plus ou moins productif, car souvent les gestionnaires écoutent de façon inefficace: «il faut se rendre à l'évidence qu'écouter à moitié équivaut en fait à ne pas écouter du tout» (Mills, 1974, p. 29).

Calculé suivant les salaires versés au personnel d'encadrement, ce temps dévolu à l'écoute inefficace représente une perte considérable pour les organisations; environ le quart du salaire versé aux gestionnaires est quasiment perdu par l'entreprise. À cet égard, plusieurs dirigeants et gestionnaires commencent à comprendre les conséquences économiques et sociales d'une écoute déficiente (Floyd, 1985). «Ils commencent à se rendre compte de ce que l'écoute déficiente coûte à l'organisation en termes d'argent perdu, de temps mal utilisé, de climat négatif, de productivité réduite et de relations interpersonnelles aliénantes.» (Wolvin et Coakley, 1985, p. 4)

Dans la dynamique des échanges interpersonnels, la qualité de l'écoute des gestionnaires est cruciale. Le facteur le plus important n'est pas l'habileté à faire valoir son point de vue, mais plutôt l'habileté à saisir le point de vue de l'autre. Comme le remarque Orgogozo (1987, p. 31), «la véritable fonction d'un responsable, quel que soit son niveau, est d'écouter beaucoup plus que de parler». À partir des résultats de recherches empiriques, Redding (1972) et Jablin (1979) ont trouvé que les meilleurs superviseurs tendent à être des gens qui écoutent de façon empathique, qui sont disposés à entendre les plaintes et les suggestions avec une attitude de considération et avec la bonne volonté d'entreprendre des actions appropriées. Sans une écoute attentive, il est impossible d'agir avec diligence et pertinence sur les problèmes quotidiens qui conditionnent en bonne partie l'ambiance de travail, la culture organisationnelle et, ultimement, l'efficacité de l'organisation.

Toutefois, malgré les nombreux facteurs justifiant l'importance qu'on devrait accorder à l'écoute, cette habileté n'a pas encore acquis ses lettres de noblesse dans le domaine de la gestion, surtout parce qu'elle demeure fort mal comprise.

1.   Ce que l'écoute n'est pas

La notion d'écoute est source de nombreuses confusions. Tout d'abord, un nombre heureusement décroissant de gens croient encore qu'écouter veut dire entendre des sons, confondant ainsi l'audition et l'écoute. Cette conception de l'écoute en fait «l'équivalent d'un tranquillisant qui enlève toute la richesse de ce qui se passe dans n'importe quel échange» (Mills, 1974, p. 35). Comme l'écoute est une habitude réflexe, on lui accorde peu d'attention et on la considère comme un comportement passif dans l'énumération: lire, écrire, parler et écouter. «Je l'ai seulement écouté», entend-on régulièrement. Culturellement, parler est vu comme un moyen efficace d'obtenir du pouvoir et de la reconnaissance en faisant valoir ses idées par la persuasion, alors que, à l'inverse, écouter est plutôt considéré comme une attitude de faiblesse et d'apathie. C'est peut-être ce qui explique que les gestionnaires cherchent, parfois désespérément, des moyens d'accroître leur leadership, d'être plus convaincants, tandis qu'ils désirent rarement développer leur capacité d'écoute. Or pour se faire entendre, il faut d'abord être à l'écoute.

Ensuite, pour plusieurs gestionnaires, écouter leur rappelle l'obéissance de leur enfance : « il n'écoute pas » signifie « il n'obéit pas ». C'est dans ce sens que les gestionnaires écoutent volontiers leurs supérieurs hiérarchiques et s'attendent, en conséquence, à ce que leurs collaborateurs les écoutent, mais non l'inverse.

Dans la même veine, plusieurs confondent l'écoute et l'adhésion au contenu du discours entendu. « Si je l'écoute, ça veut dire que je suis d'accord. » Cette confusion entre écouter une opinion et y adhérer repose sur la fausse prémisse selon laquelle si je suis ouvert à ce que j'entends, je suis obligé d'être d'accord avec le contenu du message. Mais, comme l'exprime Chenu (1992, p. 44) : « Écouter n'a rien à voir avec le fait d'être d'accord ou non avec ce que dit l'autre. Écouter, c'est recevoir tout ce que dit l'autre. Écouter, c'est comprendre la pensée de l'autre. Mais, comprendre ne veut pas dire accepter. »

Par ailleurs, l'écoute est étroitement associée à la relation d'aide ou au _counseling_ individuel. Écouter signifie alors prendre du temps afin de permettre aux collaborateurs de raconter les problèmes de leur vie privée ou leurs difficultés interpersonnelles au travail : « Je suis à l'écoute de leurs problèmes personnels. » Cela est compréhensible, puisque les techniques de l'écoute active ont d'abord été développées dans le contexte de la relation d'aide par Rogers (1951). Par contre, Marshall et Cacioppe (1986) ont trouvé que les gestionnaires accordent une plus grande importance à l'information concernant la vie personnelle de leurs collaborateurs que ces derniers.

Enfin, pour nombre de gestionnaires, l'écoute, associée à la tape sur l'épaule, évoque le charisme paternaliste, la gestion « douce » mais inefficace, l'attitude aimante, enveloppante et condescendante désignée en anglais par l'expression évocatrice _loving tender care_ : « Maintenant, il faut traiter les membres du personnel comme si on était à la maternelle » ou « Il faut faire du maternage ». Ces différentes connotations de l'écoute amènent les gestionnaires à croire que cette habileté ne les concerne pas.

Au sens où nous l'entendons, l'écoute a peu à voir avec ces différentes significations. Écouter signifie comprendre, et non tolérer, ni donner son adhésion, ni excuser. Cette attention aux personnes ne correspond d'aucune manière à une attitude permissive ou laxiste. Bien au contraire, elle s'allie à la rigueur, à l'exigence et à l'effort de construire ensemble. De plus, l'écoute requiert une discipline personnelle importante afin d'être capable de se concentrer sur la parole de l'autre, d'être en mesure de contrôler ses émotions et de pouvoir affirmer sa position *après* avoir bien saisi celle de l'autre.

De même, l'écoute ne renvoie pas exclusivement à la zone des problèmes personnels individuels, ni à la connaissance intime de l'autre. L'écoute est au cœur de la gestion des différences, de l'intégration et de l'articulation de points de vue particuliers et d'intérêts divergents. Elle est nécessaire à la découverte du plaisir d'agir ensemble et essentielle à la mise en œuvre de tout changement. Mais les choses se compliquent du fait que l'écoute ne peut se réduire à une technique car, dans ce cas, il s'agit d'un simulacre d'écoute dont personne n'est dupe.

2.   Les attitudes sous-jacentes à l'écoute

L'écoute ne se réduit donc pas à l'application d'une technique quelconque, mais elle repose sur un ensemble de croyances et d'attitudes. «Au-delà des techniques, c'est à l'appropriation d'attitudes profondes qu'il faut viser. Une technique est vaine ou dérisoire si elle ne s'appuie sur des attitudes vérifiées et développées de communication interpersonnelle.» (Artaud, 1991, p. 105) C'est pourquoi, avant de présenter les comportements d'écoute, il convient de préciser les attitudes sous-jacentes à une écoute de qualité, en l'occurrence la présence à soi dans l'interaction, la tolérance à l'ambiguïté, la valorisation des différences et la disponibilité.

2.1.   La présence à soi

Inclure la présence à soi comme attitude sous-jacente à l'écoute peut paraître paradoxal. En effet, pour écouter attentivement, il faut se centrer sur l'autre, se décentrer de sa propre performance dans l'interaction et ne pas se préoccuper de sa propre image. Le centre de l'attention doit être placé sur l'autre et non sur soi. Il ne s'agit donc pas d'absorption en soi, mais au contraire de concentration active sur ce qui est extérieur à soi, sur le message de l'autre.

Par contre, la présence à soi est nécessaire pour reconnaître rapidement les indices qui signifient que nous ne sommes plus à l'écoute. L'écoute exige la capacité de séparer son expérience propre de celle d'autrui, la capacité de ne pas confondre son émotivité avec celle d'autrui, la rigueur de faire la distinction entre son cadre de référence, sa carte du monde et ceux de l'autre. Comme nous sommes le produit de toutes les interactions que nous avons vécues, seule la présence à soi permet de diminuer la réactivité et les tendances projectives.

La présence à soi dans l'interaction réfère à la conscience du processus qui se déroule. Il ne s'agit pas ici d'une conscience de soi paralysante, mais d'une attention flottante à l'impact sur soi du message entendu, quand une telle attention est appropriée. En effet, on ne sait jamais à l'avance quelles réactions va déclencher en nous l'interlocuteur, ni quels souvenirs il va réactiver. Cette présence à soi est d'autant plus importante lorsque l'échange éveille des sentiments de frustration ou de colère : l'incapacité à reconnaître ces sentiments rend souvent défensif.

> *Dans les sessions de formation dispensées à des groupes de gestionnaires, il s'en trouve presque toujours un pour affirmer avec beaucoup d'émotion contenue dans la voix que : « Vraiment là, vous ne croyez pas que vous exagérez un peu en ce qui concerne l'importance des phénomènes affectifs ; dans le monde du travail, nous sommes des adultes, nous pouvons discuter de manière rationnelle. » Et, invariablement, alors que tous perçoivent la contradiction, je dois souligner à ce participant que son intervention aurait davantage de poids si, précisément, il pouvait la mener sans verser dans l'émotivité.*

De la même manière, si je suis incapable de reconnaître mon impatience, je réponds sur un ton impatient sans m'en rendre compte ; l'autre réagit à cette impatience qu'il perçoit et je ne comprends pas sa réaction. C'est ce qui fait dire à Labruffe (1990, p. 22) que « le préalable, impératif absolu, devient alors d'acquérir et de perfectionner sans cesse cette maîtrise de soi et la lucidité qui permet de tout accepter de l'Autre, et particulièrement son imprévisibilité, grâce à l'empathie ».

La présence à soi exige la lucidité, la capacité de reconnaître les systèmes qui sous-tendent notre propre subjectivité. Comme le mentionne Senge (1990, p. 171), « quand les gens voient mieux les systèmes à l'intérieur desquels ils fonctionnent et qu'ils comprennent plus clairement les pressions qui les influencent, ils développent davantage de compassion et d'empathie». C'est devenu un lieu commun d'affirmer que plus nous nous connaissons nous-mêmes, mieux nous pouvons comprendre et apprécier l'attitude des autres et que, de même, plus nous prenons conscience de nos valeurs, moins nous éprouvons le besoin de les imposer aux autres. Identifier et reconnaître nos systèmes de valeurs, nos attentes, comprendre comment nos caractéristiques personnelles filtrent les messages s'avèrent essentiel à l'écoute (Timm, 1990). Seule la personne qui connaît ses propres attitudes, ses valeurs et ses croyances au sujet des autres est en mesure de voir la richesse et les limites de sa propre subjectivité et de reconnaître ainsi la singularité de chaque personne et de chaque situation.

C'est également la présence à soi qui débusque nos jugements de valeur, nos condamnations, notre intrusion dans la vie d'autrui. C'est la présence à soi qui permet, entre autres, de refréner notre envie de trouver, à tout prix, une solution au problème de l'autre pour se débarrasser le plus vite possible de l'anxiété éprouvée face aux difficultés exprimées.

> *Quand je demande aux gestionnaires d'identifier ce qu'ils vivent quand ils se hâtent d'abreuver de conseils l'un des leurs décrivant une situation difficile, ils reconnaissent que c'est une manière de composer avec leur propre malaise.*

Du point de vue pratique, la présence à soi permet de contrôler son monologue intérieur pour mieux se concentrer sur ce que dit l'autre. «Plus le monologue intérieur d'une personne est intense et constant, moins grande est son habileté à déceler les indices verbaux et non verbaux de son interlocuteur et à y répondre de façon appropriée.» (Lowell, 1982, p. 70) La présence à soi est donc nécessaire pour se rendre compte qu'on ne se trouve pas dans des dispositions intérieures favorisant l'écoute ou encore, qu'en cours de processus, on n'écoute plus.

Sans présence à soi, impossible de développer sa compétence interpersonnelle et d'apprendre à partir de ses erreurs; cette analyse de l'interaction est utile a posteriori. Après une rencontre qui s'est avérée exigeante, il est facile d'accuser l'autre de ne pas avoir été clair, d'avoir été entêté, de ne pas avoir voulu comprendre, mais il est plus difficile d'identifier sa propre contribution à l'échange et à l'apparition de ses embûches. La réflexion sur son propre comportement est indispensable à l'amélioration de son efficacité dans les relations interpersonnelles (Burley-Allen, 1982). Cette réflexion sur son comportement dans l'interaction, en favorisant l'intégration de nouvelles données, constitue la base du développement personnel.

Pour toutes ces raisons, la présence à soi est considérée comme l'une des compétences essentielles aux gestionnaires (Atwater et Yammarino, 1992 ; Hay, 1990), et plus particulièrement dans la manière dont elle favorise l'écoute.

2.2. La tolérance à l'ambiguïté

Certains se déclarent prêts à écouter, mais à la condition que les propos entendus soient clairs, qu'ils se déroulent selon un ordre logique (le leur) et qu'il s'en dégage une conclusion nette. Or le message de l'autre présente rarement cette limpidité. La logique interne de l'interlocuteur ne se donne pas d'emblée, elle est toujours à découvrir. C'est pourquoi écouter requiert une certaine tolérance à l'ambiguïté, principalement quand la situation est délicate et complexe, quand il n'existe pas de solution simple ou lorsque la relation est tendue.

La tolérance à l'ambiguïté désigne la capacité de vivre avec un minimum d'inconfort des situations nouvelles, complexes et apparemment insolubles. À l'opposé, l'intolérance à l'ambiguïté est définie opérationnellement par le degré d'évaluations négatives données à des situations complexes, ambiguës ou nouvelles (Budner, 1962). Les recherches révèlent que les personnes ayant un score élevé d'intolérance à l'ambiguïté ont tendance à appuyer leurs jugements sur la première impression formée et négligent ainsi de prendre en considération l'information disponible ultérieurement (Steinfat, 1987). De ce fait, l'intolérance à l'ambiguïté affecte à la fois la perception et la compréhension des messages ainsi que les réactions à ces messages. Pour les individus intolérants à l'ambiguïté, la perception de toute information vague, incomplète, contradictoire, incertaine ou non structurée constitue une source d'inconfort ou de menace psychologique (Norton, 1975). C'est pourquoi les individus intolérants à l'ambiguïté tendent à atténuer les incohérences et à simplifier les informations complexes pour se former une représentation de la réalité qui soit simple.

Dans une discussion sur un sujet complexe comportant différents aspects et de multiples implications où chacun tente de préciser son point de vue, Nathalie prend la parole et dit avec une certaine impatience dans la voix et sur un ton péremptoire : «Vous compliquez les choses inutilement. C'est bien simple, LE problème c'est que...»

Cette réaction souvent entendue exprime à la fois certaines difficultés à vivre l'inconfort lié à l'ambiguïté, à mettre en commun des points de vue divergents, à laisser l'inconnu surgir de l'interaction, en même temps que la certitude que son point de vue à soi englobe le tout de la réalité.

En situation d'écoute, l'intolérance à l'ambiguïté conduit également à escamoter ou oublier les contradictions, les détails et les informations nouvelles qui ne concordent pas avec l'idée déjà toute faite. Par exemple, les personnes intolérantes à l'ambiguïté trouvent difficile d'entendre l'ambivalence de quelqu'un face à une décision, et les problèmes auxquels il est impossible d'apporter des solutions immédiates leur paraissent dénués d'intérêt. En conséquence, dans une position d'intolérance à l'ambiguïté, tout échange est interprété soit comme une confrontation entre deux points de vue opposés, l'un étant vrai et l'autre faux, soit comme une opération devant permettre de trouver la cause d'une problématique et d'y apporter une réponse immédiate. Cette logique rationnelle et linéaire, fort utile dans certains cas, devient inopérante dans les situations où l'affectif, l'irrationnel et la complexité prédominent. C'est le cas de l'interaction humaine qui s'inscrit dans une logique où deux points de vue différents peuvent être également vrais, et où les problèmes, ayant rarement une cause unique, n'appellent pas de solutions simples.

Il s'avère donc difficile d'écouter et de comprendre la pensée d'autrui tant et aussi longtemps qu'on ne peut accepter une certaine ambiguïté dans le processus même de l'échange. L'écoute exige de composer avec des significations multiples, des informations vagues, des contradictions, des inconsistances, des ambivalences, des problèmes sans solutions ; par-dessus tout, la personne doit faire confiance au processus qui se déroule en renonçant à tout contrôle sécurisant mais appauvrissant. En effet, écouter l'autre revient à faire un saut dans l'inconnu : il est impossible de prévoir ce qu'il adviendra de l'échange. Ne jamais savoir à l'avance comment on se laissera influencer par l'autre, comment on sera peut-être dérangé dans son confort, dans ses croyances, dans sa vision du réel, c'est prendre le risque de n'avoir rien à répondre immédiatement et, dans ce cas, de devoir tout simplement dire : «C'est un point de vue intéressant, j'ai besoin d'y repenser. »

N'importe qui, essayant de prévoir l'issue d'un échange, planifie son interaction et, de ce fait, risque de ne pas entendre les éléments imprévus et nouveaux (Lowell, 1982). Quand une personne entre en interaction avec un scénario préparé à l'avance, elle investit ses énergies à réaliser le scénario déjà élaboré. Or celui-ci s'éloigne de plus en plus de la réalité au fil du déroulement de l'échange et de la nouveauté s'y inscrivant. Il vous est peut-être déjà arrivé de préparer mentalement une rencontre. «Je vais d'abord lui dire ceci; il me répondra cela et je pourrai alors lui dire...» Mais dans la réalité de l'échange, la première réplique surprend et tout le reste du dialogue imaginé devient inutilisable. Évidemment, une certaine préparation de ce qu'on veut transmettre est nécessaire, mais elle doit laisser une place importante à l'imprévu et à l'inattendu.

En somme, la tolérance à l'ambiguïté exige d'abandonner la logique du vrai ou faux, la pensée linéaire, la causalité directe, pour aborder le monde et autrui dans toute leur complexité. Renoncer à l'illusion de posséder individuellement la vision ultime du réel et accepter de co-construire à travers l'interaction de nouvelles significations et des réalités sociales autres, tout cela demande une certaine tolérance à l'ambiguïté, l'un des fondements de l'attention à autrui.

Activité 3.1 *Mon degré de tolérance à l'ambiguïté*

Consigne: Lisez attentivement chacun des énoncés suivants. Puis, à l'aide de l'échelle 1 à 7, indiquez jusqu'à quel point vous êtes en accord ou en désaccord avec chaque énoncé.

	Complètement d'accord	1	2	3	4	5	6	7	Complètement en désaccord	
A.	Être incapable de fournir une réponse définitive dans son domaine d'expertise est un signe d'incompétence.									
B.	Il y a toujours une bonne manière de faire les choses.									
C.	Si nous pouvions avoir des valeurs semblables, ce serait beaucoup mieux.									
D.	Ne rien laisser au hasard est un indicateur clair d'une bonne gestion.									
E.	Les gens se compliquent la vie inutilement.									
F.	À toute question, il y a une réponse claire et précise.									
G.	Il ne sert à rien de discuter de problèmes pour lesquels il n'y a pas de solutions.									
H.	Souvent, il vaut mieux agir que réfléchir ou discuter.									
I.	Il n'y pas de problème qui ne puisse être résolu.									
J.	Je trouve important de dire aux gens leurs vérités, même si je risque de les blesser.									
K.	Les gens sont efficaces quand ils connaissent les détails de la tâche à exécuter.									
L.	Je dis toujours ce que je pense.									
M.	Je préfère les rencontres où je connais la plupart des gens à celles où je ne connais personne.									
N.	Je trouve plus stimulant de résoudre un problème simple que travailler sur un problème compliqué.									
O.	Je n'aime pas tellement les imprévus.									
	TOTAL									

Corrigé p. 242.

2.3.   La valorisation des différences

Dans les situations sociales et psychologiques, les visions du réel ne sont pas données mais élaborées à travers l'interaction. Selon le point de vue, les valeurs, les intérêts, l'éducation, l'expérience antérieure, la position sociale, la même situation peut être définie différemment. À ce propos, Watzlawick (1978, p. 7) affirme que «de toutes les illusions, la plus périlleuse consiste à penser qu'il n'existe qu'une seule réalité. En fait, ce qui existe ce ne sont que différentes versions de celle-ci dont certaines peuvent être contradictoires, et qui sont toutes des effets de la communication, non le reflet de vérités objectives.»

Ainsi, dans l'organisation, les différences séculaires de perspective entre les finances, la production et la mise en marché en sont un exemple. Chaque niveau hiérarchique possède sa rationalité propre, ce qui donne lieu à des différences incontournables de positions et de perceptions entre gestionnaires et collaborateurs. On retrouve autant de différences sur le plan interpersonnel, où chacun interprète les situations à partir de son éducation, de ses valeurs et de ses croyances. Cette diversité des savoirs, des ressources et des opinions représente la seule option pouvant permettre la survie même des organisations. Pourtant, traditionnellement, les gens qui affichaient des opinions différentes de la majorité étaient perçus comme dérangeants, marginaux ou déloyaux. Encore aujourd'hui, l'expression de valeurs ou de points de vue particuliers est souvent interprétée par les gestionnaires comme une atteinte à leur autorité.

En outre, notre éducation et notre expérience nous ont formés à penser en termes de chaînes d'explications causales, simples et linéaires. Comme le soulignent Probst et Gomez (1992, p. 91), «les psychologues, les biologistes, les chercheurs en communication et les écologistes ont démontré que l'esprit humain produit des modèles mentaux du monde qui ne sont souvent que des images simplifiées et réduites des situations réelles. Nous ne disposons que de petites fenêtres à travers lesquelles nous comprenons la réalité.» Nous continuons toutefois à croire que notre appréhension de la réalité est non seulement complète, mais qu'elle est la meilleure. Se rendre compte de la diversité des valeurs et des choix conduit à reconnaître, avec une certaine humilité, que les autres sont également convaincus de la pertinence de leur propre cadre de référence.

Pour tout gestionnaire, la tentation de promouvoir l'homogénéité, de limiter la diversité, de forcer le consensus est toujours présente. Mais toutes les pratiques qui tendent à limiter la diversité dans un système empêchent les individus et les organisations de développer leur potentiel créatif et adaptatif (Eisenberg, 1984, 1990). C'est pourquoi, comme l'affirme justement Sainsaulieu (1985, p. 121), «l'important pour un système social, n'est pas tant de partager des valeurs dans une sorte de conformisme appauvrissant, mais bien de faire vivre et produire la coexistence des différences». Ce n'est pas toujours le consensus qui permet de résoudre le problème des buts divergents, mais plutôt le développement de stratégies qui reconnaissent et articulent ces différences tout en préservant un accord de fond sur les valeurs à promouvoir et la mission de l'organisation.

Cette valorisation des différences implique de reconnaître que, dans les questions complexes, personne ne détient le point de vue complet et juste ; chacun n'en possède qu'une perspective, la sienne. Maruyama (1992) utilise l'expression «transpection» par opposition à «introspection» pour désigner la capacité à mettre entre parenthèses sa perspective et à saisir des points de vue différents.

La principale limite à la reconnaissance des différences provient du besoin de retrouver son semblable pour assurer sa propre identité. Si nous sommes plusieurs à avoir la même opinion, c'est la preuve que nous avons raison. Or pour être en mesure de saisir un cadre de référence différent du sien, il faut suffisamment de sécurité personnelle pour éviter de vivre cette différence comme une atteinte au bien-fondé ou à la pertinence du sien propre. Nous pouvons dire avec Labruffe (1990, p. 50) que «ne pas vouloir reconnaître la différence existant entre des accords basés sur des observations, des inférences ou des jugements entraîne l'intolérance, parce que nous croyons être dans la vérité».

Impossible donc d'écouter tant qu'on demeure convaincu de la véracité de son accès au réel. Si le doute ne nous effleure pas, la position de l'autre ne nous intéresse pas. Pourtant, le premier réflexe, dans un échange où l'autre n'a pas la même opinion que nous, est de tout mettre en œuvre non seulement pour le convaincre que nous avons raison, mais aussi pour éviter de nous laisser influencer car, le cas échéant, nous aurions l'impression d'avoir perdu à l'avantage de l'autre; c'est ainsi que nous en arrivons à cesser d'écouter.

Par conséquent, la valorisation des différences requiert une certaine ouverture et une sécurité personnelle certaine. Ouverture à l'autre et sécurité personnelle qui impliquent pour les gestionnaires d'encourager ou à tout le moins de permettre l'expression franche de points de vue divergents et la capacité d'entendre aussi les critiques, les mauvaises nouvelles ou l'information qui dérange (Jablin, 1979).

Parler de valorisation des différences requiert beaucoup plus que seulement tolérer la différence de l'autre : il ne s'agit alors que de tolérance superficielle ou « formelle », pour reprendre l'expression de Bouchard (1990). Selon l'auteur, la tolérance formelle consiste « à reconnaître que les autres existent, nous sommes bien forcés de l'admettre, mais leur prétention à la vérité n'est pas vraiment reconnue comme ayant quelque validité » surtout dans les domaines que nous connaissons bien (p. 38). Cette tolérance de surface se traduit le plus souvent par une expression mettant fin à la discussion : « C'est ton opinion, je la respecte. » Autrement dit, « comme je suis incapable de te faire changer d'idées pour t'amener à adhérer à mon point de vue, restons-en là ; mais je continue à croire que j'ai raison et, par conséquent, que tu as tort ». À cette tolérance formelle, l'auteur oppose la tolérance « intrinsèque » qui reconnaît la « valeur de vérité des propositions concurrentes » (p. 39).

La tolérance intrinsèque implique que je reconnaisse la validité d'une position adverse dans son contexte. Ce qui revient à admettre que mes propres opinions, observations et analyses sont teintées de subjectivité comme celles des autres et, de ce fait, comportent une marge d'incertitude. En définitive, seule une valorisation profonde et non superficielle des différences peut conduire à une écoute réelle et féconde, mais encore faut-il être disponible.

2.4. La disponibilité

Toute personne qui désire développer sa capacité d'écoute doit être disposée à investir du temps et de l'énergie pour permettre à son interlocuteur d'exprimer ses idées, ses opinions et ses sentiments avec les nuances qui s'imposent. Écouter et comprendre requièrent à la fois une disponibilité physique et psychologique. Une disponibilité physique tout d'abord, puisqu'il faut s'arrêter et prendre le temps d'écouter en dehors de conditions stressantes, en dehors des interruptions constantes. Malgré ce qu'affirment régulièrement plusieurs gestionnaires, il est impossible d'écouter et de comprendre en même temps qu'on parcourt, même distraitement, un dossier, qu'on ouvre son courrier, qu'on cherche un document, qu'on remplit un formulaire ou qu'on pense à autre chose. Il est impossible d'écouter rapidement, entre deux portes. Bien sûr, le manque de temps est continuellement invoqué pour justifier l'absence d'écoute. On croit ainsi pouvoir faire l'économie de la prise en compte de la position d'autrui. Et pourtant, on sait pertinemment que ce temps gagné est perdu ultérieurement à reprendre des explications mal comprises, à régler des malentendus, à clarifier des équivoques, à diminuer le ressentiment, à sortir d'impasses.

Si on est trop préoccupé, il est préférable de le faire savoir à son interlocuteur et de prendre des arrangements pour une rencontre ultérieure, plutôt que d'offrir un pastiche d'écoute qui ne leurre personne et qui, lui, est une véritable perte de temps. Comme tout le monde semble manquer de temps, voilà une belle occasion de mieux gérer son temps!

Vous devez présenter un dossier important au comité de régie dans deux heures et vous avez besoin de temps pour réfléchir à la manière dont vous allez introduire certains points. Un de vos collaborateurs, Sylvain, s'amène dans votre bureau pour vous faire part des derniers développements dans un projet dont il est responsable. Votre premier mouvement est de lui dire que vous n'avez pas le temps et de lui demander de revenir plus tard ou de vous appeler demain. Mais vous hésitez et choisissez de le laisser parler en vous disant: «Je vais pouvoir régler ça rapidement et tout le monde va être content.» La chance n'est pas de votre côté: l'échange s'étire. Votre attention est de moins en moins soutenue et vous vous dites: «J'aurais dû le savoir, avec Sylvain, c'est toujours long.» Pendant ce temps, vous avez mal écouté et voilà du temps perdu pour les deux. Pour une écoute de qualité, vous devez choisir: ou vous remettez l'entretien à plus tard ou vous vous rendez disponible. Vous ne pouvez faire les deux.

Les gestionnaires sont souvent convaincus qu'il vaut mieux écouter immédiatement quand l'autre se présente, sinon il sera trop tard. On peut se demander si, dans certains cas, pouvoir parler immédiatement à son supérieur hiérarchique n'est pas une exigence compensatoire au fait de n'être jamais vraiment écouté.

En plus de la disponibilité extérieure, l'écoute exige une disponibilité intérieure en ce sens où il faut être capable d'un certain détachement à l'égard du sujet abordé. Quand la personne qui écoute se trouve impliquée profondément dans le sujet de l'échange, il lui est très difficile de conserver la distance émotionnelle requise pour entendre et comprendre la position de l'autre. Ce qui explique la difficulté de se comprendre dans des situations conflictuelles: ni l'une, ni l'autre des deux parties n'est suffisamment détachée émotivement pour bien saisir la position adverse. De même, il est difficile de comprendre quand on est occupé intérieurement à réfléchir à la réponse qu'on aura à formuler. En effet, la plupart des gens n'écoutent pas pour comprendre, mais pour être capables de répondre, ce qui les conduit à préparer leur réplique pendant que l'autre parle. Et cette réplique, pourtant préparée avec soin, se révèle dans les faits non pertinente, puisque qu'elle ne colle pas avec précision à la réalité toujours mouvante de l'interaction.

Bref, les comportements d'écoute reposent sur la reconnaissance des éléments de sa propre subjectivité, sur la tolérance à une certaine ambiguïté, sur l'aptitude et la volonté de reconnaître la légitimité et la validité de la position de l'autre au regard des processus intellectuels et affectifs qui l'ont conduit à adopter cette position ainsi que sur la disponibilité matérielle et psychologique de la personne qui écoute.

Activité 3.2   Quelle est ma capacité d'écoute?

Consigne: Vous trouverez ci-dessous deux groupes d'énoncés. Le premier groupe (I) comprend des énoncés qui favorisent l'écoute, tandis que le deuxième groupe (II) est composé d'énoncés qui peuvent constituer des obstacles à l'écoute. Dans le groupe I, identifiez les trois énoncés qui vous caractérisent le mieux: ce sont des forces. Procédez de même pour le groupe II: identifiez les trois énoncés qui vous caractérisent le mieux, ce sont les attitudes et comportements qui représentent des limites à votre capacité d'écoute. Validez vos résultats auprès de deux autres personnes en qui vous avez confiance: cette dernière étape est la plus importante.

Groupe I

A. En situation d'écoute, je réussis à contrôler mon monologue intérieur.
B. Je m'en aperçois quand j'entre dans un état défensif.
C. Je connais les mots ou les idées qui me font réagir émotivement.
D. J'accepte que des problèmes n'aient pas de solution.
E. Je fais l'effort de comprendre des propos qui me semblent incongrus au départ.
F. Je prends plaisir à comprendre des idées très différentes des miennes.
G. J'éprouve beaucoup de réticences à donner des conseils.
H. J'accepte que les propos de mon interlocuteur puissent m'influencer.
I. Je me rends disponible pour écouter.
J. Je prends le temps d'écouter.

Groupe II

A. Je prépare ma réplique pendant que l'autre parle.
B. Je donne l'apparence d'écouter même si je ne suis pas vraiment à l'écoute.
C. Je crois savoir ce que l'autre veut dire.
D. Je me plais à argumenter pour prouver la justesse de mon point de vue.
E. Je tiens à sortir gagnant ou gagnante d'une discussion.
F. Je maintiens toujours une grande rationalité dans mes échanges.
G. J'aime que les échanges soient brefs et aillent droit au but.
H. Je supporte difficilement les propos ambigus.
I. Je cherche rapidement à trouver des solutions.
J. Je suis capable d'écouter en faisant autre chose.

Corrigé p. 244.

3.   Les comportements d'écoute inefficace

Plusieurs niveaux d'écoute sont possibles : l'écoute discriminante, l'écoute appréciative, l'écoute compréhensive et l'écoute aidante. L'écoute discriminante sert à distinguer des stimuli ; par exemple, écouter attentivement pour reconnaître un bruit inhabituel. Un deuxième niveau d'écoute est celui de l'écoute appréciative : écouter de la musique, le discours d'un bon orateur, un film. Le troisième niveau d'écoute correspond à l'écoute compréhensive où l'objectif est de saisir et retenir l'essentiel d'un message. Finalement, au quatrième niveau, l'écoute aidante vise à soutenir l'autre dans la résolution de ses difficultés ou à favoriser son développement personnel.

Les deux premiers niveaux d'écoute ne posent pas de problèmes ; c'est à partir de l'écoute compréhensive que surgissent les difficultés. À ce niveau, l'écoute n'est pas un processus passif, mais un effort actif demandant du temps, de l'énergie, de la discipline personnelle et présentant de nombreuses difficultés.

3.1.   Les difficultés de l'écoute

Nous sommes tous de bien piètres écoutants ; bien que la plupart des gens écoutent, peu le font correctement (Floyd, 1985 ; Mills, 1974 ; O'Connell, 1979 ; Smith, 1986). L'écoute est l'habileté de communication interpersonnelle la moins développée (Burley-Allen, 1982 ; Hunt et Cusella, 1983 ; Nichols et Stevens, 1957 ; Spitzberg et Cupach, 1988 ; Sypher *et al.*, 1989). Dans une étude menée auprès d'étudiants du collégial, Rubin (1982) rapporte que, parmi 19 énoncés reliés à la communication, les deux pour lesquels les étudiants obtiennent les résultats les plus faibles sont «décrire le point de vue d'un autre» et «décrire une opinion différente de la sienne». Plusieurs raisons peuvent expliquer le sous-développement de cette habileté.

Premièrement, le comportement d'écoute ne correspond pas à une habileté naturelle comme celle de parler : c'est une habileté qui exige discipline et rigueur. Un premier écueil provient de ce qu'on ne peut dissocier la pensée de l'écoute. Or la rapidité du traitement de l'information par la pensée est beaucoup plus élevée que la vitesse moyenne d'élocution ; le débit d'un discours moyen comprend environ 125 mots à la minute, tandis que le cerveau humain pourrait en traiter 800 dans le même laps de temps. Cet écart permet à la personne qui écoute de laisser vagabonder sa pensée, d'écouter de façon intermittente (Mills, 1974). Une deuxième difficulté est associée au réflexe qui consiste à préparer sa réplique pendant que l'autre parle. Cette habitude empêche de se concentrer sur ce que dit l'autre et produit souvent une réponse incongrue parce qu'on est centré sur ses pensées et sur ce qu'on va dire. Troisièmement, certaines personnes croient qu'elles écoutent bien alors que leur écoute est très limitée. À la suite d'une étude effectuée auprès de 250 gestionnaires, Hunt et Cusella (1983) rapportent que la principale raison expliquant pourquoi les membres de leur organisation n'écoutent pas mieux est l'absence de feed-back sur la qualité de leur écoute; ils croient qu'ils écoutent bien. Notre expérience va également dans ce sens; les individus ont généralement de la difficulté à évaluer correctement leurs comportements d'écoute. Or il ne suffit pas d'entendre pour comprendre le sens du message de l'autre. Et la qualité de l'écoute ne repose pas simplement sur le fait d'occuper la position d'auditeur, surtout si on a développé des habitudes d'écoute déficientes.

3.2. Les formes d'écoute déficientes

Les formes d'écoute déficientes reposent sur des attitudes d'inattention, de retrait, de fermeture ou de supériorité. De telles attitudes donnent lieu à une écoute incomplète, défectueuse et inachevée laquelle engendre de la frustration chez l'autre et devient une source majeure d'incompréhension.

L'écoute hostile

On écoute de façon hostile quand on entend l'autre à partir d'une attitude défensive; on se tait pour éviter la chicane, pour fuir une discussion redoutée ou parce qu'on se perçoit en position de faiblesse. L'hostilité pose un écran entre soi et l'autre. Généralement, une observation attentive de l'expression non verbale permet de déceler ce type d'écoute hostile.

L'écoute condescendante

L'écoute condescendante que Mills (1974, p. 68) nomme «l'écoute autoritaire» désigne l'écoute de quiconque estime, plus ou moins consciemment, être plus intelligent, plus habile, plus fin stratège que son interlocuteur. C'est la réaction de quelques gestionnaires dont la position constitue la preuve incontestable de leur supériorité par rapport à leurs collaborateurs. L'écoute condescendante se manifeste par l'écoute simulée de toute infor-

mation non menaçante et par la réaction défensive à toute information qui pourrait, d'une manière ou d'une autre, conduire à
une remise en question de leur intelligence, de leur décision ou de
leur autorité. L'écoute condescendante résulte également de la
conviction de savoir ce que l'autre veut dire, parfois mieux que
lui.

L'écoute partielle

Comme son nom l'indique, l'écoute partielle ou sélective désigne
le fait de comprendre seulement certaines parties des propos de
l'interlocuteur. L'écoute partielle correspond à l'attitude intérieure de la personne qui réagit silencieusement à certaines parties
du message entendu par des évaluations, des remarques, des interprétations ou des commentaires; souvent, elle commence à formuler intérieurement des questions ou des objections reliées au
message déjà déformé. L'écoute partielle conduit parfois certaines
personnes à interrompre leur interlocuteur pour exprimer l'association d'idées qu'un élément du message leur suggère: «Justement, ça me fait penser à...» Dans l'écoute partielle, l'individu ne
porte attention qu'à ce qui l'intéresse, ignore le reste et interprète
les propos entendus en fonction de ses intérêts.

L'écoute anxieuse

On écoute de façon anxieuse quand on est trop touché émotivement pour entendre l'autre avec justesse. Les émotions altèrent la
perception de ce qui est exprimé. Certains mots ou certains sujets
ont tellement de résonance affective chez celui qui écoute que son
émotion déforme le message. Il y a confusion entre l'expérience
de la personne qui écoute et l'expérience de l'interlocuteur. Ainsi,
c'est l'écoute anxieuse qui amène les gens à se hâter de rassurer,
consoler, atténuer l'intensité des sentiments de l'autre, banaliser
l'expérience afin de diminuer l'intensité de leurs propres réactions émotives.

L'écoute simulée

De l'extérieur, certaines personnes semblent attentives; elles ont
appris à établir un contact visuel, à hocher la tête, à sourire ou à
froncer les sourcils aux moments appropriés. Occasionnellement,
elles peuvent même répondre, mais leur pensée et leur attention
sont ailleurs. Les raisons expliquant ce manque d'attention peuvent être multiples: elles sont préoccupées par quelque chose qui

leur semble plus important que ce que dit leur interlocuteur, elles pensent avoir déjà entendu tout ça; elles sont ennuyées; elles ne comprennent pas le sens des propos; elles estiment que le sujet abordé n'est pas pertinent ou va à l'encontre de leurs valeurs ou croyances.

Dans la vie quotidienne, ces formes d'écoute déficiente sont inévitables; cependant, il faut reconnaître qu'il ne s'agit en aucun cas d'écoute dite «compréhensive». Cesser de croire qu'une écoute partielle produit les mêmes effets qu'une écoute compréhensive est le premier pas vers l'amélioration des comportements d'écoute.

4. L'écoute compréhensive

L'écoute compréhensive correspond à la perception juste de la façon dont l'autre définit la situation, le contexte et la relation; cela suppose la capacité à faire une synthèse rapide des propos entendus et à inférer correctement les sentiments et les besoins d'autrui. La notion d'écoute compréhensive était inconnue dans la littérature avant les années 30; c'est Rogers (1951) qui le premier, a formulé les conditions de l'écoute compréhensive dans le contexte de la relation d'aide. L'écoute compréhensive repose sur l'empathie, laquelle, selon l'auteur, comporte une dimension affective importante.

Cependant, l'écoute compréhensive peut aussi être vue comme une décentration cognitive permettant de reconstruire par l'imagination le point de vue de l'autre (Davis, 1983; Goss, 1982; Spitzberg et Cupach, 1988). Dans cette optique, l'empathie correspond à un processus intellectuel visant la perception et le traitement adéquats des propos de l'autre. L'écoute compréhensive comporte une dimension évaluative, c'est-à-dire que la personne qui écoute doit être en mesure de porter un jugement sur le message entendu et compris. Cependant, comme le remarque Floyd (1988, p. 123), «évaluer un message avant de l'avoir compris et analysé constitue un grave problème d'écoute».

D'un point de vue pratique, les exigences de l'écoute compréhensive peuvent se résumer comme suit:

1. Se concentrer attentivement sur ce que dit l'émetteur et maintenir sa concentration.

2. Contrôler sa pensée, faire silence intérieurement et mettre entre parenthèses ses propres idées ou opinions.

3. Rechercher l'idée principale des propos entendus; cela impose de procéder à l'organisation cognitive du message pour en extraire le sens fondamental. Certaines personnes veulent tout retenir d'un message; elles perdent ainsi de vue la signification principale.

4. Dans le cas d'un sujet qui nous touche, porter attention à la manière dont nos propres émotions peuvent transformer et déformer le message.

5. Éviter de rejeter certains aspects du contenu qui nous paraissent trop familiers, trop étranges ou encore insignifiants. On entend souvent la remarque: «Il parle pour ne rien dire.» Dans ce cas, il serait plus juste d'affirmer: «Je ne parviens pas à saisir ce qu'il veut dire.»

6. Être attentif à la communication non verbale et à la dimension affective que l'interlocuteur donne au contenu et aux idées. Ne pas s'en tenir aux faits seulement, surtout quand le comportement non verbal est en contradiction avec le message verbal.

7. Continuer d'écouter attentivement même si on croit avoir déjà compris ou reformuler les propos pour s'assurer de sa compréhension.

8. Accepter les moments de silence, ils n'en rendent l'échange que plus fécond.

9. Retarder le plus possible l'évaluation du message; s'assurer d'avoir bien compris avant d'évaluer.

Ces comportements traduisant l'écoute compréhensive représentent le seuil minimal nécessaire à une écoute de qualité.

5.   L'écoute aidante

En regard de l'écoute compréhensive, l'écoute aidante comporte un niveau de difficulté supplémentaire. Par conséquent, il est impossible d'écouter de façon aidante sans avoir, au préalable, maîtrisé l'écoute compréhensive. Même si l'écoute aidante n'est pas le type d'écoute le plus fréquemment requis en gestion, certaines situations y font appel; c'est le cas, lorsqu'un collaborateur ou

un collègue présente une difficulté qu'il va devoir régler personnellement.

Aider implique une attitude de considération alliée à un
refus de choisir pour l'autre. L'écoute aidante repose sur le concept d'empathie affective, c'est-à-dire la capacité de saisir le
monde subjectif d'autrui et de participer à son expérience dans la
mesure où la communication verbale et la communication non
verbale le permettent, sans être envahi par les émotions de l'autre
(Rogers, 1951).

Pour être aidant, celui qui écoute doit reconnaître ce que
St-Arnaud (1986) nomme la «compétence personnelle». La reconnaissance de la compétence personnelle de chacun implique
l'adhésion au postulat humaniste voulant que «chacun est l'expert, au sens fort du terme, lorsqu'il s'agit de porter un jugement
sur ce qu'il convient de faire ou non, de donner un sens à sa vie
ou de se fixer des objectifs personnels» (p. 13). Chacun est capable de trouver, pour lui-même, ce qui lui convient le mieux, dans
une situation donnée. Or, nous avons tendance à nous comporter
comme si nous savions mieux que l'autre ce qui est bon pour lui
et à essayer de lui refiler notre solution de manière plus ou moins
subtile. Toutefois, les gestionnaires qui ont développé leur capacité d'écoute se rendent rapidement compte combien il est plus
riche de laisser l'autre trouver ses solutions que de l'abreuver de
conseils ou de suggestions.

À cet effet, il convient de souligner ici deux modèles de
réponses souvent utilisées qui, bien que se voulant aidantes, sont
la plupart du temps inefficaces (Martin, 1983); il s'agit de la
réassurance et des conseils.

La réassurance

En réaction à l'écoute d'un problème, la réassurance comprend les
réponses qui tentent de faire croire à l'autre que tout va bien, qu'il
n'a aucune raison de s'en faire, que, s'il a confiance, tout va bien
aller ou que, s'il le veut vraiment, il va réussir. D'une manière ou
d'une autre, la réassurance implique que le problème n'existe pas
ou qu'il n'est pas aussi grave que la personne semble le croire.

«*T'en fais pas, tout va bien aller.*»

«*Tu n'as aucune raison de t'inquiéter.*»

«*Il y a des choses plus graves que ça dans la vie.*»

«*Tout le monde vit ça.*»

Ces réponses de réassurance sont une perte de temps parce qu'elles sont rarement efficaces; elles ne donnent nullement confiance. À l'inverse, la plupart du temps, la personne qu'on tente de rassurer de cette façon se dira: «Il ne comprend pas», ou «Elle essaie de se débarrasser de moi». Encourager, rassurer ou réconforter peuvent être aidants à la condition que cela ne soit pas utilisé à la place de l'écoute.

> *Quelqu'un dit: «Je ne suis pas certain de pouvoir réussir ce mandat; je n'ai jamais pris autant de responsabilités.» On lui répond: «Bien sûr que tu es capable! Tu as seulement besoin d'avoir un peu plus confiance en toi.»*

Exhorter à la confiance en soi ne peut être d'aucun secours, car cela ne se développe pas sur commande. Une écoute attentive des inquiétudes aurait sans aucun doute été plus aidante.

Les conseils

Les conseils qui renferment une information nécessaire à la prise de décision sont fort utiles. En revanche, les conseils qui visent à résoudre le problème de l'autre en prenant la décision à sa place sont rarement aidants. Les phrases stéréotypées qui servent à camoufler les conseils sont presque un réflexe (Martin, 1983).

> *«À ta place, je...»*

> *«Pourquoi, tu ne lui dirais pas...»*

> *«Peut-être que tu pourrais...»*

> *«As-tu pensé à...»*

> *«C'est seulement une suggestion, mais moi, si je...»*

Les conseils dans le domaine des décisions personnelles ne sont pas efficaces parce que généralement la personne aux prises avec une difficulté a déjà envisagé toutes les options possibles. Et si elle ne parvient pas à mettre en pratique une solution, c'est que le processus de décision n'est pas complété. Le dialogue suivant illustre l'impasse à laquelle mènent souvent les conseils et les réponses «oui, mais» qu'ils induisent.

> *Yvan vient voir Richard, le supérieur immédiat de son superviseur, Paul.*

> *Yvan:*   *Je ne sais plus quoi faire avec mon superviseur. Il n'arrête pas de me faire des remarques sur des petits détails.*

Richard: *Tu devrais lui dire que ça t'agace.*

Yvan: **Oui, mais** *tu connais Paul ; ça risque d'être encore pire.*

Richard: *Tu ne devrais pas t'en faire avec ça, tu sais que c'est un bon gars.*

Yvan: **Oui,** *j'ai essayé de raisonner comme ça,* **mais** *je réalise que je lui en veux de plus en plus.*

Richard: *Veux-tu changer d'équipe ?*

Yvan: *Ce n'est pas ce que je dis.*

Richard: *Ben, c'est quoi ton problème ?*

L'écoute aidante n'est ni le réconfort, ni le conseil mais bien l'accompagnement attentif de quelqu'un dans sa démarche personnelle. Cette modalité d'écoute comporte de fortes exigences, c'est pourquoi il convient de maîtriser d'abord l'écoute compréhensive par le recours, entre autres choses, aux techniques de l'écoute active.

6. Les techniques d'écoute active

Qu'il s'agisse d'écoute compréhensive ou d'écoute aidante, les techniques d'écoute active servent à faire savoir à l'autre qu'on est disposé à l'écouter et qu'on désire comprendre. L'écoute active, par définition, exige de la personne qui écoute une activité intense qui demande autant d'efforts que de prononcer un discours, présenter un projet, défendre un point de vue. Or, la plupart des gens considèrent le silence, l'absence de répliques ou d'interruptions comme de l'écoute ; plusieurs s'imaginent que rester silencieux et laisser l'autre monologuer plus ou moins longtemps signifie être à l'écoute. Erreur : l'écoute active est un dialogue centré sur la pensée de la personne qui s'exprime et les interventions de l'écoutant servent à encourager l'expression de l'autre, à reformuler ses propos, à les lui faire préciser et clarifier, s'il y a lieu.

Les différentes techniques de l'écoute active peuvent être classées en deux groupes. D'une part, les techniques qui encouragent l'expression de l'autre et, d'autre part, celles qui traduisent la compréhension de ce qui est entendu.

6.1.   *Les techniques d'encouragement à l'expression*

Les techniques d'encouragement à l'expression comprennent les comportements qui signifient l'attention que l'on porte à l'autre comme la position du corps, les signes de tête et le contact visuel, les mots incitant à continuer. Les moments de silence accompagnés d'indices non verbaux pertinents peuvent également être considérés comme une incitation à poursuivre dans la mesure où ils indiquent qu'on est prêt à attendre, intéressé et concerné par ce que l'autre a à dire. Les demandes de précision ou de clarification pertinentes peuvent aussi constituer une incitation à continuer. À l'inverse, certains comportements non verbaux tels que le regard désapprobateur, le tapotement des doigts, l'absence de contact visuel, le froncement des sourcils, le maintien d'activités parallèles véhiculent des messages de désaccord, de mépris, de désintérêt ou d'impatience.

6.2.   *Les techniques de reformulation*

D'autres techniques servent à signifier la compréhension ; car il ne suffit pas de croire que l'on a compris ce que l'autre voulait dire – ce que nous faisons souvent allègrement –, encore faut-il que nous puissions faire savoir à notre interlocuteur que nous avons correctement saisi l'expression de sa pensée. Pourtant, il arrive souvent qu'on ait l'illusion d'avoir bien compris ce que l'autre exprimait alors qu'il n'en est rien ; dans ce cas, Lowell (1982, p. 13) parle d'«empathie invalide». Dans ce domaine, c'est la personne que nous écoutons, et elle seule, qui peut évaluer notre degré de compréhension.

La reformulation exige que l'on soit en mesure de faire savoir à l'autre qu'on l'a compris de façon juste et précise. C'est Rogers (1951) le premier qui a défini la reformulation comme un moyen de communiquer sa compréhension de l'autre et de ses préoccupations selon son contexte. La reformulation des propos ou des sentiments constituent en quelque sorte la preuve de la compréhension. De plus, les réactions verbales et non verbales de la personne dont on a reformulé les propos donnent des indications sur son degré d'accord avec la reformulation. Ce mécanisme, régulateur de la dynamique de l'échange, permet à l'écoutant de comprendre avec plus de justesse le sens des propos de l'interlocuteur (Pithon, 1990).

Comme pour l'écoute, il convient, au préalable, de dissiper certains malentendus concernant la reformulation. En premier lieu, il n'est ni suffisant ni nécessaire de dire: «Si j'ai bien compris, tu...» Ensuite, la reformulation n'est pas le résumé de tout ce qu'a exprimé l'autre. En effet, lorsque nous tentons de nous faire comprendre, nous présentons des éléments contextuels qui servent de toile de fond au message principal. Ces détails ne représentent pas le cœur du message et n'ont pas à être reformulés. Enfin, la reformulation n'est pas la répétition d'un élément quelconque des propos, ni de la dernière phrase.

La reformulation consiste à traduire en ses propres mots l'essentiel du message de l'autre. Elle équivaut à prendre acte du point de vue de l'autre et à reconnaître la validité de ses propos dans le contexte qui est le sien; si la reformulation est juste, l'interlocuteur reconnaît son propos et se reconnaît.

Les formules d'introduction à la reformulation peuvent varier à l'infini: «Selon toi...», «Tu veux dire que...», «Tu souhaites donc que...», «Pour toi, l'essentiel, c'est que...» «Autrement dit...», «En d'autres termes, tu...», «Toi, ce que tu voudrais, c'est que...», etc.

La reformulation offre de multiples avantages. D'abord, elle permet de valoriser l'interlocuteur, de l'aider à approfondir ce qu'il pense ou ressent, et de faire tomber la tension qui parasite l'analyse d'une situation ou d'un problème. Soulignant l'impact positif de la reformulation, Kaeppelin (1987, p. 59) s'exprime ainsi:

> *Elle offre, en outre la possibilité de vérifier ce qui a pu être dit et entendu entre interlocuteurs; éventuellement elle peut donner lieu à rectification, à nuance, à réinterprétation, donc à une progression dans la relation. Elle incite à poursuivre l'effort d'expression verbale, grâce à la caution d'écoute qu'elle représente. Enfin, la reformulation permet une distanciation par rapport aux propos émis, éventuellement les explicite, les ordonne et facilite une objectivation du contenu de l'entretien.*

La principale difficulté de la reformulation, c'est qu'elle suppose sur des attitudes relationnelles d'ouverture et des comportements d'écoute. Sinon, elle n'est qu'une répétition incomplète, non signifiante et sans intérêt des propos entendus.

Activité 3.3   Que disent-ils ?

Consigne: Pour chacun des fragments d'entretien, encerclez la réponse qui vous paraît la plus pertinente dans une situation d'écoute compréhensive.

Fragment 1

«J'ai vraiment de la difficulté avec le nouveau contremaître que vous avez choisi; il nous surveille comme si on était des paresseux ou des incompétents. C'est stressant. Je ne sais pas si je peux lui en parler.»
Réponses:
a.   Il faut que tu le comprennes, il commence et il ne te connaît pas.
b.   Tu considères qu'on a fait un mauvais choix.
c.   C'est ta responsabilité de lui en parler; tu es un grand garçon.
d.   Tu es très mal à l'aise avec la supervision du nouveau contremaître et tu te demandes quoi faire.

Fragment 2

«Moi, j'en ai assez des usagers qui appellent pour des niaiseries; ils ne cherchent même pas par eux-mêmes avant d'appeler le Service. Le pire, c'est que, souvent, ils sont incapables de décrire correctement leur problème. Tu dois deviner.»
a.   Tu trouves ça difficile et frustrant de répondre à certains usagers.
b.   Leur as-tu envoyé une note pour leur expliquer comment procéder?
c.   Comment ça s'est passé avec le dernier usager de ce genre-là?
d.   Il faut dire que tu es payé pour ça.

Fragment 3

«Ça me fait peur de commencer à travailler avec René. On est trop différent, on ne travaille pas du tout de la même manière, je le constate dans les réunions de service. Il est tellement catégorique.»
a.   Tu ne peux pas dire ça, tu n'as même pas commencé.
b.   Tu crains que ce soit exigeant pour toi de travailler avec René.
c.   Qu'est-ce que tu appréhendes comme difficulté?
d.   Justement, parce que vous êtes différents, vous allez faire une équipe formidable.

Fragment 4

«Je me demande si c'est efficace de faire des réunions aussi longues. Moi, après deux heures de travail, je suis complètement vidée. Je ne sais pas comment les autres réagissent.»
a.   Ce n'est pas nécessaire que tout le monde soit aussi actif durant toute la réunion.
b.   Il faudrait que tu développes ton endurance au travail.
c.   La longueur des réunions ne convient pas à ton rythme. Crois-tu qu'il pourrait être utile d'amener ce point au début de la prochaine rencontre?
d.   C'est déjà assez difficile comme ça d'avoir tout le monde, si en plus il faut faire deux ou trois rencontres!

Corrigé p. 246.

7. Quand l'écoute active est-elle nécessaire?

L'écoute n'est ni une panacée ni une formule magique; l'écoute compréhensive n'est pas toujours le comportement le plus approprié. L'écoute active avec reformulation n'est pas toujours nécessaire, ni utile.

Michel, directeur, rapporte le déroulement d'une rencontre qu'il a eue avec deux de ses collaborateurs. Compte tenu des ententes qu'ils avaient prises, il s'attendait à ce qu'ils lui présentent le résultat du travail qu'ils avaient effectué concernant un mandat précis. Contrairement à ses attentes, les collaborateurs lui font le récit de leur démarche et des difficultés rencontrées. Michel se tait (il croit être à l'écoute), fulmine intérieurement, mais en bon gestionnaire à qui on a dit qu'il était important d'écouter, il se laisse envahir par le discours de ses collaborateurs sans les interrompre.

Michel n'était aucunement dans des conditions lui permettant d'être à l'écoute; en effet, n'étant pas disponible parce que, d'une part, il avait le sentiment de perdre son temps et que, d'autre part, il était déçu du comportement de ses collaborateurs, il a choisi de faire semblant d'écouter. Dans ce cas, une réaction plus juste aurait été d'interrompre ses collaborateurs et de leur donner du feed-back en disant par exemple: «Je vous interromps, parce que je pense qu'il y a un malentendu entre nous et je voudrais le clarifier. Quand nous nous sommes rencontrés la dernière fois, il me semble qu'on devait se revoir pour faire le point sur les résultats déjà atteints. Vous arrivez aujourd'hui et vous me décrivez le processus. Comment expliquez-vous ça?»

L'écoute active n'est pas le comportement le plus approprié quand l'écoutant a un problème, qu'il devient anxieux ou hostile. Dans ces cas, l'écoute ne remplace pas le questionnement et le feed-back.

L'écoute active n'est pas pertinente quand on est convaincu de la mauvaise foi de son interlocuteur ou de sa manipulation. Le feed-back, dans ces situations, est plus approprié.

«Ça ne m'intéresse pas de continuer à discuter, parce que j'ai de la difficulté à croire que tu recherches une solution. Est-ce que je me trompe?»

Si on n'a pas de temps à consacrer à une écoute réelle, il est préférable de le faire savoir plutôt que de feindre l'écoute.

«Je suis désolé. Je suis présentement trop préoccupé pour t'écouter, mais je suis intéressé par ce que tu as à me dire. Pourrait-on remettre cette rencontre demain à 15 h 30?»

Sans compréhension de ce que l'autre essaie de nous dire, l'écoute active n'est pas possible. En effet, pour être en mesure de reformuler avec justesse, il faut d'abord comprendre. Et l'une des réactions les plus fréquentes en situation d'écoute est de ne pas bien saisir ce que l'autre exprime (Dillon, 1990). Dans cette situation, il vaut mieux faire savoir à l'interlocuteur ce qu'il en est.

«Je ne suis pas certain de comprendre ce que tu veux dire.»

«Je ne te suis plus.»

«Je ne comprends pas le lien que tu fais avec...»

Pour être à l'écoute, il faut y trouver un certain plaisir. Dans certains cas, les questions, au lieu de l'écoute, peuvent nous permettre de reprendre goût à l'échange. Par exemple, si le discours me paraît trop compliqué, plutôt que me désengager, je peux dire: «Je trouve ça compliqué, qu'est-ce qui est le plus important pour toi?» À l'inverse, si les propos tenus me paraissent banals et sans intérêt, je peux alors poser une question qui demandera d'aller plus en profondeur.

Enfin, l'écoute active n'est pas appropriée dans les situations où les échanges n'ont qu'une fonction expressive et socialisante, ni dans les échanges simples et purement factuels. Cependant, l'écoute active s'impose quand les gens ont des points de vue différents, quand il y a beaucoup d'émotivité, quand on se trouve devant une impasse ou un conflit, quand il y a un problème à résoudre, et toutes les fois où il est important de comprendre sérieusement ce qui se dit.

8. Comment développer sa capacité d'écoute?

En premier lieu, il importe de mentionner que l'écoute représente une habileté complexe dont le développement est pratiquement illimité. Il est toujours possible d'écouter avec plus de justesse, de pertinence et de rigueur. L'écoute n'est pas une habileté naturelle, mais un habileté qui doit être développée.

L'écoute étant essentiellement une activité interactive et interdépendante, l'amélioration de la qualité de son écoute requiert la participation d'autrui. De plus, on écoute comme on respire;

cet automatisme rend difficile l'apprentissage d'une meilleure écoute parce que cela suppose de désapprendre des habitudes ancrées depuis des années. Mais les gestionnaires qui consentent à investir l'énergie et les efforts requis font des progrès spectaculaires dans leur capacité d'écoute.

Le développement de l'écoute s'effectue par étapes. Dans le développement des compétences liées à la communication, Howell (1982) propose un cheminement à plusieurs niveaux qui peut être adapté à l'amélioration de l'écoute.

L'incompétence non consciente

Le premier niveau est celui de l'incompétence non consciente. À ce niveau, plusieurs s'imaginent être de bons écoutants. Or, il faut un minimum de savoir pour se rendre compte de son ignorance. Plus on écoute, plus on se surprend à mal écouter. Dans les sessions de formation, les participants qui se trouvent à ce niveau d'incompétence non consciente s'attribuent des cotes élevées au questionnaire d'évaluation de l'écoute. Ils restent fort surpris quand ils reçoivent du feed-back critique sur leur écoute. Donc, la première étape dans le développement de l'écoute consiste à obtenir du feed-back juste et précis sur la qualité de son écoute.

L'incompétence consciente

Le deuxième niveau de compétence correspond aux premiers pas dans le développement de l'écoute. Ce niveau correspond à la prise de conscience d'être mal écouté et celle, souvent a posteriori, d'avoir mal écouté. À ce niveau de l'incompétence consciente, on éprouve le sentiment désagréable d'être incapable de saisir correctement ce que l'autre veut dire. Cette étape est difficile à franchir parce que cette prise de conscience augmente l'anxiété et, de ce fait, diminue encore la qualité de l'écoute. Plusieurs ne dépassent pas cette étape et reviennent à leurs anciennes habitudes.

La compétence consciente

Le troisième niveau correspond à celui où l'on essaie de facon consciente et analytique de suivre les principes de l'écoute compréhensive. C'est une amélioration, comme le remarque Howell (1992), mais limitée parce que la conscience aiguë de son propre comportement empêche de saisir l'ensemble des propos. De plus, cette étape crée beaucoup d'inconfort en raison du sentiment d'être artificiel, non spontané. Le confort n'est pas un signe de justesse; il n'est que l'indice d'une habitude. Il faut dépasser ce niveau d'inconfort jusqu'à ce que l'habitude d'écouter avec attention remplace l'ancienne habitude d'écouter à moitié (Mills, 1974). Pour contrer cette difficulté, plusieurs gestionnaires pratiquent leur écoute à cette étape auprès de personnes intimes, amis, enfants ou conjoint. Ils en constatent souvent rapidement l'efficacité, ce qui les encourage à étendre leur champ d'application.

La compétence intégrée

À ce stade, la compétence est suffisamment intégrée pour que la personne n'ait plus à appliquer de façon consciente les principes d'écoute. Son attention, dès lors, est entièrement dirigée sur les propos de l'interlocuteur et sur son expression non verbale.

En définitive, seule la pratique quotidienne et répétée de l'écoute permet de constater une amélioration de la qualité de son écoute. Les gestionnaires qui décident d'être plus à l'écoute de leurs collaborateurs doivent être prêts à y investir énergie et effort, application, discipline et persévérance. Cependant, il faut rappeler que mieux écouter n'est pas seulement une affaire de volonté: cela implique une présence à soi et une lucidité de tous les instants pour traquer ses peurs, ses désirs, ses souvenirs, ses contradictions intérieures qui interviennent pour déformer les messages entendus. En revanche, les gestionnaires qui développent leur capacité d'écoute déclarent de façon unanime que cela leur permet de résoudre plus facilement certains problèmes de leur équipe, diminue leur stress, a un impact positif sur le climat de travail de l'équipe, les amène à mieux se connaître et à être plus efficaces.

CHAPITRE 4

Le questionnement

Dans le domaine de la gestion est souvent véhiculée l'idée que la communication est facile et simple, qu'il suffit d'être clair pour être compris. Dans cette optique, la transmission juste d'une information devient l'indice d'une bonne communication. En cas d'échec, des efforts seront investis pour améliorer la structure et la présentation du message plutôt que s'interroger sur les conditions de réception. En outre, dans les organisations, on adhère encore à ce que Wiio (1988) nomme le mythe de la rationalité selon lequel les membres des organisations se conduisent de façon rationnelle quand ils reçoivent l'information pertinente à travers des formes de communication appropriées. Les gestionnaires tiennent ainsi pour acquis la fidélité entre la signification intentionnelle et la signification reçue. Par conséquent, quand surviennent des malentendus, les gestionnaires deviennent perplexes: «Je l'avais pourtant bien dit!» Et comme dans cette perspective, ce qui compte c'est le message transmis, le fautif est assurément le récepteur. La personne responsable du message n'a pas à se remettre en question. Ce faisant, on a tendance à oublier le côté non rationnel et émotif du comportement humain. L'interaction entre deux personnes véhicule inévitablement de l'implicite, du contresens, du malentendu, du larvé (Coupland *et al.*, 1991). C'est ainsi que Axhley (1984) soutient que l'incompréhension correspond à l'état normal des choses dans la communication humaine parce que, parallèlement au message intentionnel, différentes significations sont véhiculées non intentionnellement; de plus, le récepteur participe à la signification du message émis en fonction de son propre cadre de référence. Comme le mentionne Timm (1980, p. 14), pour créer des conditions optimales de communication, il importe de se rappeler que

> *nous devons nous attendre à être mal compris par au moins quelques-uns de nos interlocuteurs, nous devons nous attendre à mal comprendre les autres; nous pouvons chercher à réduire l'incompréhension mais nous ne pourrons jamais l'éliminer totalement. Quand nous tenons pour acquis que nous ne serons pas bien compris, nous sommes plus attentifs au processus de communication. Quand nous tenons pour acquis notre incompréhension de l'autre, nous sommes plus attentifs à faire clarifier, à écouter. Quand nous reconnaissons l'impossibilité d'éliminer toute incompréhension et prévoir toutes les réactions, nous reconnaisssons la réalité.*

Reconnaître les multiples possibilités d'incompréhension n'implique nullement que le manque d'informations et des processus de communication inadéquats soient souhaitables, mais bien que l'interaction entre deux individus dépasse en complexité le niveau rationnel et conscient. En effet, comme le remarque Bateson[1] (1981, p. 132): «nous ignorons à peu près tout des processus par lesquels nous envoyons nos messages, et des processus par lesquels nous comprenons les messages des autres et y répondons. Nous n'avons pas non plus conscience d'ordinaire de bien des caractéristiques et composantes des messages eux-mêmes.»

De plus, dans le contexte du travail, chacun est confronté au problème «de maintenir un équilibre entre être compris, ne pas heurter les autres et sauvegarder son image personnelle» (Eisenberg, 1984, p. 228). C'est pourquoi, dans les organisations, la transparence totale semble non seulement impossible, mais indésirable. Dans certaines situations, à certains moments, avec certaines personnes, il vaut mieux éviter l'interaction, rester silencieux ou changer de sujet.

---

1. La citation est extraite de la traduction française dans Y. Winkin (sous la direction de), *La nouvelle communication*, Paris, Seuil, 1981, p. 115-144.

Par ailleurs, les distorsions intentionnelles de la communication reliées au maintien du statut, à la recherche du pouvoir et à l'inflation personnelle ont des incidences néfastes sur le climat de travail, sur la valorisation des personnes et, ultimement, sur l'atteinte des objectifs organisationnels (Felts, 1992). Comme le mentionne Watzlawick (1978, p. 13), «quand l'un des messages est altéré, laissant ainsi le destinataire dans un état d'incertitude, il en résulte une confusion qui provoque des émotions allant, selon les circonstances, du simple désarroi jusqu'à l'angoisse prononcée. Il est évident que dès qu'il s'agit des relations et de l'interaction humaines, il est particulièment important de favoriser la compréhension et de réduire la confusion.» Par conséquent, même si elle demeure un but inaccessible, la compréhension interhumaine se trouve au cœur du développement, non seulement des personnes mais aussi des organisations.

C'est pourquoi, nous ne pouvons, comme le font Eisenberg (1984) et Wiio (1988) valoriser l'ambiguïté intentionnelle comme stratégie de communication organisationnelle. D'ailleurs, ce que ces auteurs désignent par les termes «ambiguïté ou obscurité intentionnelle» correspond en fait à des principes, des valeurs, des métaphores se situant à un niveau d'abstraction tel que leur interprétation dans les situations et les actes concrets peut prendre un nombre illimité de significations. C'est ce niveau d'abstraction qui permet à des individus ayant des croyances et des valeurs particulières de s'engager dans des actions collectives ou de donner un sens partagé à leur expérience commune (Donellon *et al.*, 1986). Il en est ainsi de la plupart des valeurs. Par exemple, l'honnêteté vient toujours aux premiers rangs dans les questionnaires sur les valeurs; pourtant, dans la vie quotidienne, son application prend des formes fort variées.

En somme, la communication, par sa nature même, est source d'ambiguïtés et de distorsions non intentionnelles. Reconnaître ces limites à la communication n'exclut pas de tendre vers la meilleure compréhension possible; c'est l'un des aspects du questionnement.

1. Le rôle du questionnement

Le questionnement comme habileté de communication interpersonnelle vise plutôt la qualité du processus interactif lui-même que l'adéquation parfaite entre la signification du message transmis et celle qui est reçue. En effet, la clarification sert davantage à maintenir les systèmes relationnels ouverts et évolutifs, à favoriser l'autonomie de chacun des partenaires qu'à rendre les échanges parfaitement transparents. En plus de contribuer à la qualité même des processus de communication interpersonnelle, le questionnement remplit plusieurs autres fonctions.

Premièrement, le questionnement a pour objectif de développer ce que Maruyama (1991, p. xi) nomme la « compréhension contextuelle ». Tout comportement, opinion, réaction n'a de sens que par rapport à un contexte donné. Ignorer ce contexte, c'est se condamner à la mésentente.

Deuxièmement, le questionnement est essentiel dans le rôle d'entraîneur (_coach_) que Orth _et al._ (1987) associent à la responsabilité du gestionnaire d'aider les collaborateurs à améliorer leurs capacités et leur performance aussi bien à court terme (chaque jour) qu'à long terme. Dans ce rôle, les gestionnaires doivent être capables de poser les bonnes questions et d'écouter de façon active. Le questionnement encourage la personne qui répond à repenser le problème autrement, à prendre en compte des aspects précédemment ignorés, à parfaire sa compréhension et à dégager ses propres conclusions. En ce sens, le questionnement devrait susciter la réflexion, faciliter l'émergence de nouvelles perceptions, développer une pensée critique et des attitudes de rigueur dans les échanges (Brookfield, 1987). Mais pour bien remplir ces fonctions, le questionnement doit satisfaire certaines exigences, notamment en ce qui a trait aux attitudes.

2. L'attitude de questionnement

Contrairement à ce qu'on pourrait croire, l'attitude de questionnement ne va pas de soi. La tendance des gestionnaires est de poser de multiples questions fermées auxquelles le collaborateur ou la collaboratrice s'efforce de produire « la » bonne réponse tout en essayant de deviner les intentions sous-jacentes et de se défendre le mieux possible contre la menace appréhendée. Selon Dillon (1986, p. 105), « pour qu'il y ait réellement questionnement, cela suppose minimalement que celui qui interroge ne connaît pas la réponse, désire la connaître, croit qu'il existe au moins une réponse et pense que celui qu'il interroge peut et est disposé à lui répondre ». Comme le mentionne Vacquin (1986), c'est seulement en reconnaissant d'abord leurs propres incertitudes que les gestionnaires pourront poser de véritables questions.

Ces prémisses excluent du questionnement tel qu'on l'entend ici les interrogatoires ayant pour seul objectif d'amener l'interviewé à exprimer clairement ce qu'on sait déjà. À cet égard, le questionnement ne remplace pas l'affirmation de ses idées, ni le feed-back; si on a une réaction, une impression, une opinion, mieux vaut les exprimer pour ce qu'elles sont plutôt que perdre son temps et celui de l'autre à cacher ses positions sous le masque transparent des fausses questions.

Souvent les questions posées sont saturées de réponses implicites et, ne laissant aucune place à la découverte d'éléments nouveaux, à l'apprentissage, n'ont pour but que de conforter les certitudes de la personne qui interroge. Ainsi, selon Martin (1983), les questions sont inefficaces quand la personne qui interroge contrôle entièrement l'entrevue, rend l'interrogé défensif, particulièrement en l'accusant ou induisant de la culpabilité, change de sujet en posant une autre question avant que l'autre n'ait fini de répondre à la précédente et teste différentes hypothèses.

> *Un chef de service, vous dit: «Une de mes professionnelles me répond toujours dans l'affirmative quand je lui confie un mandat. Mais, elle n'en fait qu'à sa tête et continue à travailler sur les dossiers qui l'intéressent.» Vous pouvez poser des questions qui serviront à vérifier vos propres hypothèses: «Es-tu précis quand tu lui confies un mandat?» «Fixes-tu des échéances?»*

Poliment, il répondra à vos questions; mais en même temps, il se sentira probablement accusé, incompétent. Le processus dans lequel vous entrez est celui de la vérification de vos propres hypothèses, un procédé long et peu efficace. En effet, le comportement actif de l'interviewer induit une réaction de passivité, et la personne interrogée, se tenant sur la défensive, se contente de répondre plus ou moins brièvement aux questions posées.

Enfin, lors du questionnement, des attitudes justes font des deux personnes engagées dans ce processus de véritables partenaires dans l'analyse d'une situation, dans la découverte de significations ou de perspectives nouvelles ou dans la résolution de problèmes.

3. Les types formels de questions

Les questions peuvent être regroupées, d'une part, selon la forme et, d'autre part, selon l'objectif qui est visé. La forme des questions réfère à la construction verbale de la question; selon Dillon (1986, p. 107), «la manière dont une question est formulée a un impact sur les types de réponses possibles et affecte plusieurs caractéristiques de l'éventuelle réponse».

Au point de vue de la forme, indépendamment de l'objectif visé, on retrouve généralement quatre types de questions: la question fermée, la question ouverte, la question orientée et la question multiple.

3.1. La question fermée

La question fermée exige une réponse brève et factuelle; elle est formulée de telle manière qu'on puisse y répondre par oui ou non, ou encore par une information précise. Les qui? quoi? quand? où? combien? introduisent des questions fermées.

La question fermée est utile quand il s'agit d'obtenir une information factuelle, des précisions sur certains faits ou un engagement ferme. La question fermée incite la personne qui répond à adopter, sans s'en rendre compte, le cadre de référence de celle qui interroge; c'est pourquoi elle est de peu d'utilité quand il s'agit de connaître le cadre de référence d'autrui (Dillon, 1986). Dans le cas des questions fermées, la responsabilité du progrès et de la direction de l'interaction repose entièrement sur la personne qui interroge. En conséquence, un entretien où l'on pose plusieurs questions fermées favorise la dépendance, la passivité et la réactivité de l'autre.

Exemples de questions fermées

«As-tu envoyé la note de service?» «Quand?» «À qui?»

«Es-tu certain de ce que tu affirmes?»

«De combien de temps additionnel aurais-tu besoin pour faire un travail impeccable?»

«Acceptes-tu cette responsabilité?»

Les questions fermées ont l'avantage d'être expéditives, elles permettent d'obtenir une information ou une position précise quand c'est nécessaire; par contre, elles s'avèrent complètement inefficaces quand il s'agit d'obtenir autre chose que des données objectives ou un engagement ferme et explicite.

3.2. La question ouverte

La question ouverte laisse à l'autre l'initiative du contenu et de l'ampleur du développement de sa réponse. La question ouverte est utile pour solliciter des opinions, des réactions, des impressions, des explications ou des suggestions. Pour les gestionnaires, interroger à l'aide de questions ouvertes exige d'admettre leur ignorance et de reconnaître à leurs interlocuteurs des connaissances ou des informations qu'ils ne possèdent pas. L'une des caractéristiques importantes de la question ouverte est d'être centrée sur le cadre de référence de l'autre.

La question ouverte peut ainsi s'interpréter comme une invitation faite à l'autre à s'expliquer, à faire valoir ses arguments, à défendre son point de vue. Ce type de question n'appelle pas une réponse purement factuelle; il s'agit plutôt de laisser entendre qu'on est prêt à écouter, disposé à comprendre et prêt à prendre au sérieux la personne interrogée.

Exemples de questions ouvertes:

« Qu'est-ce que tu en penses? »

« Comment es-tu arrivé à cette conclusion? »

« Qu'est-ce qui te fait dire que...? »

« Comment penses-tu résoudre ce problème? »

Certaines questions pourtant fermées au strict point de vue formel exigent cependant une réponse élaborée comme dans la question: «Peux-tu donner un exemple?»

Il faut faire certaines remarques à propos de la question ouverte commençant par «pourquoi». Cette question est à éviter autant que possible parce que, d'une part, elle fait appel aux motivations personnelles qui sont en grande partie inconscientes et que, d'autre part, elle est souvent perçue comme une forme d'accusation voilée. Ainsi, elle rend défensif, probablement en écho à toutes les fois où, enfant, on nous demandait: «Pourquoi as-tu fait ça?» «Pourquoi as-tu brisé ce vase?» «Pourquoi as-tu renversé ton verre?» «Pourquoi as-tu répondu ça?» La recherche des causes si elle s'avère utile, sera davantage facilitée par une question ouverte du genre: «Comment expliques-tu que...?»

Donc, la question ouverte sert à formuler une interrogation qui sollicite une réponse plus ou moins élaborée suivant le cadre de référence de l'autre.

3.3.   La question orientée

La question orientée ou induite s'avère, dans les faits, une suggestion, une opinion, un conseil ou un ordre mal camouflé sous la forme interrogative. La question orientée est parfois utilisée pour affirmer une opinion sans avoir à en assumer la responsabilité. C'est un type de question à laquelle ont souvent recours les personnes qui ne peuvent s'empêcher de donner des conseils et qui, en même temps, savent qu'ils sont rarement suivis. On trouve aussi de bonnes questions ouvertes gaspillées par le réflexe de présenter immédiatement des suggestions de réponses. Plutôt que d'avoir recours à une question orientée, il est préférable de présenter sa suggestion et de solliciter la réaction de l'autre.

> *La question orientée: «Ne croyez-vous pas que vous devriez le prévenir?» peut avantageusement être remplacée par l'affirmation: «Pour ma part, je crois que vous devriez le prévenir; qu'est-ce que vous en pensez?»*

3.4.   La question multiple

Les questions multiples comprennent une succession de questions ouvertes ou fermées sans moment de silence permettant à l'autre de répondre. La question multiple crée de la confusion, et l'interrogé a tendance à répondre à la dernière question de la série ou à celle qui lui convient, escamotant ainsi les autres. De plus, la rafale de questions multiples produisant souvent l'effet d'interrogatoire judiciaire rend défensif. Que de temps perdu et quelle impasse relationnelle! Donc, poser une question à la fois est un principe de base qu'il convient de respecter.

> *Votre directrice adjointe vous dit qu'un de ses collaborateurs ne remet jamais ses rapports à temps. Vous répondez: «Qu'est-ce que tu as fait pour améliorer la situation? Lui as-tu parlé? En as-tu discuté avec lui? Pourquoi, selon toi, ne remet-il pas ses rapports à temps?*

La première question: «Qu'est-ce que tu as fait pour améliorer la situation?» était fort pertinente; elle aurait due être suivie d'un moment de silence pendant lequel l'autre aurait fait le point sur la situation.

La plupart du temps, les questions multiples servent à meubler le silence et pourtant, ce moment de silence qui suit une question est précieux. Il n'y a rien qui justifie de continuer à parler immédiatement après avoir posé une question, si ce n'est l'incapacité à tolérer le silence. On présume, à tort, que si l'autre ne répond pas immédiatement, c'est faute d'avoir quelque chose à dire. Mais ce moment de silence peut être utilisé à structurer sa pensée afin de bien répondre à la question posée. C'est souvent après un moment de silence que les meilleurs commentaires sont obtenus.

Activité 4.1   Les types de question

Consigne: Identifiez le type de question dont il s'agit dans chacun des exemples suivants.
   1. Question ouverte
   2. Question fermée
   3. Question orientée
   4. Question multiple

		1	2	3	4
A.	Après avoir donné du feed-back critique à l'une de vos collaboratrices, vous lui demandez: «Es-tu d'accord?»				
B.	Un de vos collaborateurs se plaint de toujours recevoir l'information trop tard et vous demandez: «Peux-tu me rappeler un cas où tu as reçu l'information trop tard?»				
C.	À certains qui ont exprimé leur désaccord avec une procédure vous demandez: «Même si ce n'est pas votre position, êtes-vous d'accord pour nous appuyer dans l'application de cette procédure?»				
D.	Après un échange concernant un nouveau mandat, vous concluez en disant: «Comment réagis-tu à cette proposition? Serais-tu prêt à commencer dès lundi? As-tu toutes les informations nécessaires? Veux-tu y penser avant de donner ta réponse?»				
E.	Vous convoquez un gestionnaire et lui demandez: «Comment expliques-tu le fait que j'ai reçu cinq plaintes différentes de ton personnel en dix jours?»				
F.	À une collaboratrice perfectionniste, vous demandez: «Ne crois-tu pas que tu consacres trop de temps à l'analyse des données?»				
G.	Vous venez de présenter un nouveau projet à vos collaborateurs et vous dites: «Qu'est-ce que vous pensez de ce projet?»				
H.	Vous demandez aux membres de votre équipe: «Qui se charge de présenter le document au comité?»				
I.	À l'un de vos collaborateurs se plaignant de l'inefficacité d'une manière de procéder, vous demandez: «Qu'est-ce que tu suggères comme amélioration?»				
J.	Lors d'une réunion, quelques membres du groupe disent ne pouvoir faire leur travail correctement parce qu'ils ont trop à faire; vous demandez: «Serait-il possible d'organiser votre travail plus efficacement? Voulez-vous qu'on regarde ça de plus près? Ceux qui n'ont pas parlé pensent-ils de même?»				

Corrigé p. 247.

4. Les objectifs visés par le questionnement

Quelle que soit leur forme, les questions permettent d'atteindre certains objectifs liés à la compréhension. L'une des erreurs systématiques dans la communication réfère à la tendance qu'ont les individus à abréger, simplifier ou condenser l'information transmise. Ainsi, les questions permettent d'éclaircir les points obscurs, de combler les omissions, de faire préciser les énoncés impersonnels, de distinguer les observations, les jugements et les inférences afin d'engager un échange fécond plutôt qu'un dialogue stéréotypé et stérile maintes fois repris, et qui ne donne jamais de résultats satisfaisants.

Sur le plan relationnel, le questionnement s'étale sur un continuum allant du soutien à la confrontation. Certaines questions soutiennent, encouragent et confirment la personne interrogée dans son estime de soi, alors que d'autres questions peuvent être confrontantes. Les questions se situant du côté du soutien sont celles qui visent à connaître la pensée, la réaction ou l'opinion de l'autre. Les questions confrontantes invitent l'autre à prendre ses responsabilités, à préciser ses propos, à prendre des décisions. Elles peuvent être reçues comme une menace à l'estime de soi, donc susciter des réactions défensives. Cette possibilité ne doit pas empêcher d'avoir recours à ce genre de questions ; mais si l'autre devient trop défensif, il faut momentanément revenir à une attitude compréhensive à l'aide de l'écoute active.

4.1. *Explorer une situation, une réaction, une position*

Que ce soit en groupe ou individuellement, les questions permettent l'exploration d'une situation, de réactions personnelles, d'opinions. Pour atteindre cet objectif, la question doit être la plus ouverte possible et, si elle est suivie d'un moment de silence, la personne qui interroge doit avoir la capacité de tolérer ces quelques instants de silence même s'ils lui paraissent durer indéfiniment.

« *Qu'est-ce qui est arrivé ?* »

« *Qu'est-ce que vous en pensez ?* »

La manière de réagir à la première opinion exprimée en réponse à une question ouverte donne le ton de l'échange. Si la réaction à la question posée est du type : « Oui, mais comme je l'ai dit, c'est impossible de faire autrement », on passe rapidement de la phase exploratoire à l'argumentation. Les personnes sortent de cette rencontre avec le sentiment que, bien qu'on leur ait demandé leur opinion, on n'était nullement intéressé à l'entendre. C'est pourquoi il est souvent inutile de poser une question visant l'exploration sans être disposé à en écouter la réponse.

Si, en réponse à une question d'exploration, la première intervention consiste à dire qu'il serait préférable de procéder par étapes, il convient d'entendre cette réaction en disant par exemple: «Personnellement, vous croyez qu'il faudrait procéder par étapes.»

> _Victor, contremaître dans le domaine du transport, appelle Jean, un des superviseurs, pour lui expliquer son plan pour améliorer la gestion des réparations à effectuer. Après avoir exposé les grandes lignes de son plan, il remarque l'air fermé de Jean; il devient alors actif à explorer cette réaction non verbale. «Jean, dit-il, il y a quelque chose qui semble te déranger dans ce que je viens d'expliquer. Peux-tu me dire ce que c'est?» À partir de là, Jean se sent autorisé à mettre en doute la pertinence de certains aspects du plan et, à la fin de l'échange, ils en viennent à une solution encore plus juste._

En somme, pour que la question d'exploration atteigne son objectif, il faut que la personne qui interroge soit disposée à entendre les réactions, les opinions, les commentaires et les objections qui ne manqueront pas de surgir. Sinon, il vaut mieux s'abstenir de poser une question ouverte visant l'exploration.

4.2. Ancrer dans la réalité

Pour Maruyama (1992), la compréhension contextuelle engage à regarder une situation complexe dans son contexte, de manière à susciter l'émergence de nouvelles visions et interprétations sans se laisser enfermer dans les perceptions stéréotypées et sans être lié par les explications déjà existantes. Cette compréhension contextuelle implique, d'une part, de porter attention à toujours ancrer ses échanges dans la réalité concrète des activités quotidiennes et, d'autre part, de se méfier du réductionnisme qui pousse à simplifier ou généraliser de façon abusive. Les conduites, les pratiques, les croyances, les réactions ne sont jamais compréhensibles hors contexte.

Si quelqu'un vous dit qu'il lui est devenu impossible de travailler avec tel collègue, vous pouvez lui demander pourquoi. Ce faisant, vous obtiendrez probablement des affirmations plus ou moins vagues et stéréotypées décrivant le collègue. Une autre façon d'aborder la situation est de demander: «Pourrais-tu relater un événement que tu as trouvé difficile à vivre avec ce collègue?»

Ancrer les échanges dans la réalité contextuelle consiste à faire préciser les énoncés vagues ou impersonnels, à clarifier les inférences et à vérifier la compréhension de l'autre.

4.2.1. Faire préciser les énoncés vagues ou impersonnels

Les énoncés vagues ou impersonnels comprennent les généralisations, les clichés, les expressions toutes faites, les stéréotypes et le recours au «on». Souvent les énoncés généralisants expriment la tendance à concevoir la réalité en termes d'extrêmes; blanc ou noir, vrai ou faux, brillant ou stupide, pour ou contre, oui ou non, toujours ou jamais, etc. Une telle polarisation empêche de voir que la plupart des situations, des gens se situent à un point ou l'autre entre ces deux extrémités.

Il est souvent inutile de répondre à une généralisation parce qu'on le fait forcément sur le même mode, ce qui donne lieu à des échanges futiles. En fait, très souvent, quand quelqu'un émet une affirmation générale, il réagit à un fait ou à un événement précis et immédiat. Si on n'a pas accès à ce cadre de référence, on parle dans le vide.

Exemples

«– *J'ai tout essayé avec cet employé et rien n'y fait.*

– *Qu'est-ce que tu as essayé jusqu'à maintenant?*»

«– *Encore un changement qui ne donnera rien.*

– *Quel changement penses-tu n'a rien donné?*»

«– *Il y en a plusieurs qui disent que...*

– *Et toi, qu'en penses-tu?*»

Une des choses qui engendrent beaucoup de frustration dans les organisations concernent l'expression d'attentes vagues relatives au temps: les délais, l'urgence. Dans ces cas également, il convient de faire préciser les attentes.

«– *J'en ai besoin le plus tôt possible; c'est très urgent!*

> – *Pour quand le voulez-vous?»*
> *«– Il faudrait qu'on se voit, j'ai à te parler.*
> – *À quel sujet? Quand veux-tu qu'on se rencontre?»*

Les énoncés vagues et impersonnels s'ils ne sont pas clarifiés produisent souvent des échanges où les deux individus réfèrent à des contextes différents tout en croyant le contraire.

4.2.2. Clarifier les inférences

On a souvent tendance à confondre ses inférences subjectives avec les faits observables. Non pas que les inférences soient à proscrire, mais elles doivent être énoncées pour ce qu'elles sont et non en lieu et place de faits. Une inférence est une opinion, une conclusion, une affirmation extrapolée ou déduite de certains faits ; elle représente la conclusion elliptique d'un processus auquel l'autre n'a pas accès.

Pour qu'un échange soit fécond, il importe que les deux individus puissent reconnaître et rendre explicites les étapes inférentielles qui les ont conduits à adopter telle position, mettre au jour les processus d'induction et de déduction. Il est impossible de communiquer sans avoir recours à l'inférence ; cependant, la vigilance reste de mise.

> *«– Pierre n'est pas motivé.*
> – *Qu'est-ce qui t'amène à dire qu'il ne l'est pas?»*

Cette question incite à préciser les comportements observables et les indices à partir desquels l'absence de motivation a été inférée. Sinon, on court le risque que l'échange tourne en rond sur l'absence de motivation ou sur Pierre.

> *«– Cette nouvelle manière de procéder est tout à fait inefficace.*
> – *Comment est-elle inefficace?»*
> *«– Tu as l'air de nous mépriser.*
> – *Qu'est-ce qui te fait dire ça?»*

La mise à jour des inférences permet de situer l'échange à un plan concret et relié aux préoccupations de la personne. Encore faut-il être soi-même rigoureux dans sa manière de distinguer les faits et les inférences. Pour développer sa vigilance à ne pas confondre les faits et les inférences, Lewis (1987, p. 125) suggère les quatre questions suivantes :

1. Ai-je observé personnellement ce que je dis ?
2. Mes affirmations restent-elles collées à mes observations ou vont-elles plus loin ?
3. Quand je compose avec des inférences importantes, est-ce que j'évalue correctement leur probabilité ?
4. Quand j'échange avec les autres, est-ce que je présente mes inférences comme telles et est-ce que j'exige qu'ils en fassent autant ?

4.2.3. Vérifier la compréhension

Après avoir donné des explications, expliqué une procédure, il importe de vérifier la compréhension qu'en a l'autre. Vous pouvez bien poser la question : « Avez-vous compris ? », espérant que si on n'est pas certain d'avoir bien saisi, on vous le dira. Mais les choses ne se passent pas ainsi. La personne qui reçoit des instructions les comprend en fonction de son contexte, elle peut difficilement douter de sa compréhension. Il est donc préférable de poser une question plus précise demandant un résumé ou une synthèse des points importants.

> « *Quels sont les points importants à surveiller ?* »

> « *Que devons-nous retenir ?* »

> « *Que pouvons-nous dégager de...?* »

Bref, situer les échanges dans la réalité concrète du quotidien équivaut à avoir le souci du détail. Les échanges à propos de généralités ne contribuent guère à rendre les échanges fructueux. Ce n'est qu'en abordant le concret des réalités quotidiennes que les difficultés peuvent être dénouées.

4.3. Développer une pensée critique

La pensée critique implique la remise en question des prémisses qui sous-tendent nos façons habituelles de penser et d'agir et, ce faisant, la possibilité d'agir différemment à partir de ce questionnement critique (Brookfield, 1987). Ces prémisses qui sous-tendent nos pensées et nos actions s'expriment sous la forme de valeurs tenues pour acquises, d'idées de sens commun et de notions stéréotypées au sujet de la nature humaine et des organisations sociales. En effet, il arrive souvent qu'on tienne pour acquis des limites, des obligations comme allant de soi, alors qu'elles sont toutes relatives. Principalement dans les organisations où certaines pratiques, procédures ou politiques devenues, avec le temps, totalement désuètes n'en continuent pas moins d'être vues comme absolument nécessaires. Quand des collaborateurs demandent à quoi sert tel rapport en trois copies, ils font preuve de pensée critique. Et les gestionnaires qui, entendant ce questionnement, acceptent d'analyser la situation encouragent ainsi la pensée critique.

Votre interlocuteur voit la situation comme une impasse.

« C'est une façon de voir les choses. Essayons de les voir autrement. Qu'arriverait-il si...? »

Développer la pensée critique implique également de mettre au jour les contradictions.

Votre interlocuteur se contredit.

« Il me semble t'avoir entendu dire tantôt que tout le monde semblait d'accord pour adopter la nouvelle procédure; et maintenant tu dis que les techniciens sont très réticents. Qu'est-ce que je dois comprendre? »

Votre interlocuteur vous dit depuis quinze minutes que ça ne le dérange pas que le directeur exige un rapport hebdomadaire d'activités.

« Je ne comprends pas; tu me dis que ça ne te dérange pas, mais tu me parles de ça depuis un bon moment. Qu'est-ce que tu en penses? »

Cependant, favoriser la pensée critique n'est pas une activité purement cognitive, car poser des questions qui remettent en cause des valeurs, des opinions et des comportements préalablement acceptés ou relever des contradictions engendre une certaine anxiété. La perspective de devoir envisager d'autres façons de penser ou d'assumer ses contradictions est source de résistance et de confusion; mais cela peut être également très stimulant et libérateur de considérer la possibilité de comprendre autrement sa vie, son travail (Brookfield, 1987).

4.4. Orienter l'échange de façon productive

Certains échanges laissent le sentiment d'avoir parlé inutilement soit parce qu'on revient au point de départ, soit qu'on n'aborde que des aspects secondaires, soit qu'on en reste à l'exploration. Les questions permettant de sortir du cercle de répétition, d'éviter les digressions et d'orienter vers l'action constituent autant de moyens de faire avancer un échange.

Sortir du cercle de répétition

Votre interlocuteur tourne en rond vous redisant les mêmes arguments; le laisser monologuer n'est pas utile. Il est de votre responsabilité d'orienter l'échange. Dans ce cas, la reformulation suivie d'une question peut être efficace.

> *«Si je résume, tu crois que a)..., b)... et c)... Y a-t-il autre chose qui nous permettrait d'avancer dans cette discussion?»*

Éviter la digression

Que ce soit en groupe ou à deux, il arrive souvent que le dialogue s'engage sur des sujets périphériques à l'échange ou carrément hors propos. La plupart du temps, on essaie, souvent sans succès, de ramener l'échange au sujet principal. Les questions peuvent, dans ce cas, s'avérer plus efficaces.

> *«Il me semble qu'on devait aborder le climat dans ton équipe et nous parlons de tout autre chose, qu'est-ce qui se passe?»*

Orienter vers l'action

Devant une difficulté, la première réaction est de décrire avec force détails les aspects exigeants de cette situation. Une fois franchies les étapes de l'exploration et de la clarification, il s'agit d'orienter l'échange vers l'action. L'une des premières étapes de l'orientation vers l'action est d'amener l'autre à formuler sa vision du futur; il est généralement plus facile d'énoncer ce qu'on ne veut pas que de décrire la situation désirée.

> *Quelqu'un vous dit qu'il ne peut plus travailler avec X. Après avoir exploré et clarifié les difficultés rencontrées, il peut être approprié de dire: «Connaissant X et sans qu'il change, comment verrais-tu votre collaboration?» ou «Qu'est-ce que tu comptes faire maintenant?»*

Bref, le questionnement joue un rôle important dans la dynamique des rapports interpersonnels. Les questions de soutien constituent un prolongement de l'écoute, tandis que les questions confrontantes se rapprochent du feed-back critique. Mais dans un cas comme dans l'autre, la personne qui interroge se doit de faire le point sur les objectifs poursuivis afin d'utiliser le questionnement à bon escient.

Activité 4.2   Quel est l'objectif visé par ces questions?

Consigne: Commentez chacune des questions posées par Jeanne (b) au regard de l'objectif visé et de l'impact de la question.

André, un des collaborateurs de Jeanne, vient la voir avec un projet qu'il devait préparer selon certaines normes.

1.a André: (déposant le projet devant elle) C'est ce que tu voulais? Je ne suis pas certain de l'avoir fait correctement.

1.b Jeanne: Qu'est-ce que tu veux vérifier exactement?

2.a André: Je ne suis pas certain que l'échéancier soit réaliste; mais ça respecte le délai qui avait été autorisé.

2.b Jeanne: Selon toi, quel serait un échéancier plus réaliste?

3.a André: Ah! je n'y ai pas vraiment pensé...

3.b Jeanne: Quelles sont tes attentes à mon égard dans ce cas?

4.a André: Bien, j'aimerais savoir s'il est possible de repousser l'échéance.

4.b Jeanne: En principe, c'est possible; mais, je te suggère de proposer l'échéancier que tu considères approprié et nous en discuterons. Qu'est-ce que tu en penses?

5.a André: Je ne veux pas travailler pour rien; ça arrive souvent ici qu'on nous fait travailler inutilement.

5.b Jeanne: À quoi penses-tu quand tu dis ça?

6.a André: Je pense au projet CR qui a été remis à l'automne.

6.b Jeanne: Quel lien fais-tu entre les deux situations?

7.a André: Ah! c'est vrai que dans le cas de CR, nous avions nous-mêmes suggéré de retarder la mise en œuvre du projet.

7.b Jeanne: Alors, dans le cas du présent projet, que comptes-tu faire?

Corrigé p. 247.

Le feed-back

La centralité du feed-back dans le fonctionnement des organisations n'est plus à démontrer; toutefois, avant d'en examiner la dynamique, il convient de préciser le concept de feed-back.

1. Une définition du feed-back

De façon générale, le feed-back correspond à toute information ou signification-en-retour qui, partant du récepteur, revient à l'émetteur; donc, toute réaction verbale ou non verbale au comportement de l'autre constitue une forme de feed-back. Vu sous cet angle, le feed-back, de manière implicite, est continuellement présent dans toute communication. Mon expression dans la position d'émettrice est affectée, consciemment ou non, par les réactions non verbales du récepteur lequel, simultanément, réagit à mon expression verbale et non verbale; il s'agit de feed-back implicite. Bref, les deux personnes qui interagissent envoient et reçoivent simultanément des messages qui peuvent être vus comme une forme de feed-back. Mais ces feed-back équivoques et bidirectionnels sont difficiles à interpréter. En effet, les messages décodés à partir d'indices subtils et ambigus requièrent beaucoup d'inférences et sont dès lors sujets à de multiples interprétations. C'est ce qui fait dire à Durand (1981, p. 139) qu'une «communication réciproque est un dialogue, elle n'est pas nécessairement un feed-back».

Plus explicite, le feed-back fournit des informations relatives à la pertinence, à la qualité et à la justesse des conduites passées (Bourn 1966: voir Cusella, 1987). Dans le domaine interpersonnel, le feed-back transmet l'information relative à la manière dont les autres perçoivent et évaluent les comportements d'un individu (Ashford, 1986). La notion de feed-back implique, selon Durand (1981, p. 139), «que l'information-en-retour est intégrée à un processus de décision, qu'elle renseigne un agent sur le résultat de son action antérieure et oriente une action correctrice». Ainsi, les rencontres d'évaluation du rendement ou de la performance constituent des modalités de feed-back formalisé et systématisé. Compte tenu de ce qui précède, à l'instar de Durand (1981) et de Cusella (1987), le terme de feed-back est réservé ici à l'expression articulée orale ou écrite des réactions de l'un des interlocuteurs au comportement ou à la performance de l'autre en regard du contexte organisationnel tel qu'il est illustré dans la figure 5.1.

Figure 5.1
Le feed-back dans les organisations

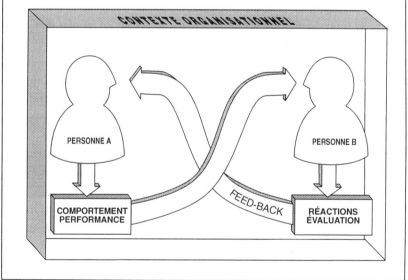

Cette définition exclut le feed-back impersonnel qui fait partie du contexte même de la tâche, c'est-à-dire le feed-back produit par des résultats quantifiés ou observables. Le feed-back explicite est au cœur du fonctionnement des organisations et central à la communication organisationnelle. En effet, plusieurs dimensions du feed-back servent également à définir les composantes de la communication organisationnelle. Entre autres, la confiance, la pertinence de l'information, la crédibilité accordée à la source et le type d'information véhiculée interviennent autant dans le processus de feed-back que dans la communication organisationnelle (Hanser et Muchinsky, 1980).

Selon Larson (1984, p. 42), « le feed-back a depuis longtemps été envisagé comme le facteur clé pour l'amélioration globale de la performance organisationnelle ». Bien que modulé par certaines variables intermédiaires, le feed-back est relié à la fois à la satisfaction, à la motivation et à la performance des collaborateurs (Alexander *et al.*, 1989 ; Cusella, 1987 ; Hanser et Muchinsky, 1980 ; O'Reilly et Anderson, 1980 ; Pavett, 1983). Et, comme le soulignent Downs *et al.* (1988), parmi les facteurs liés à la communication, le feed-back est perçu par les membres de l'organisation comme étant celui qui a le plus d'impact sur leur rendement en ce qu'il permet à chacun de savoir jusqu'à quel point il concourt à l'atteinte des objectifs organisationnels.

Pour les gestionnaires, le feed-back des collaborateurs est essentiel parce qu'il précise comment les attentes, les consignes et les messages ont été compris, crus, intégrés ou acceptés. De cette manière, le feed-back véhicule l'information relative au succès ou à l'échec des politiques, procédures et pratiques de gestion permettant la mise en place d'actions correctives, s'il y a lieu.

Dans les groupes ou équipes de travail, l'absence de feed-back spécifique en altère considérablement le fonctionnement. Il peut même arriver que le groupe devienne tout à fait improductif si les tensions, qui n'ont pas été clarifiées à l'aide du feed-back, en viennent à s'exprimer par des allusions, des soupirs, des regards complices et moqueurs, des silences lourds d'hostilité (Allaire, 1992).

Malgré la centralité du feed-back dans les organisations, son absence constitue une plainte récurrente concernant les rapports interpersonnels. Ainsi que le rapporte Jablin (1979), l'une des insatisfactions le plus souvent mentionné dans les études de la communication entre gestionnaire et collaborateur concerne le manque de feed-back spécifique et pertinent.

2. Les types de feed-back

Toutes les formes de feed-back ne visent pas le même objectif; elles n'ont pas, par ailleurs, le même impact. Par exemple, féliciter l'une de ses collaboratrices ne comporte pas les mêmes exigences que faire une remarque critique à son supérieur hiérarchique. On peut donc distinguer différents types de feed-back selon le contenu, la valence et la direction du processus.

2.1. Selon le contenu

Selon le contenu, le feed-back peut être descriptif, expérientiel ou inférentiel (Allaire, 1992). Ces trois catégories de feed-back ne sont pas exclusives; un même feed-back peut inclure des éléments descriptifs, expérientiels et inférentiels.

2.1.1. Le feed-back descriptif

Le feed-back descriptif ne comporte que des éléments observables ou vérifiables; il décrit les comportements, les événements, les situations ou les résultats obtenus. Même quand il est strictement descriptif, le feed-back correspond à une information évaluative; en effet, décrire un comportement implique une réaction face à ce comportement, sinon pourquoi le mettre en évidence? Un comportement, une intervention, une réaction, une performance qu'on sent le besoin de décrire ont sûrement quelque chose de particulier; ils sont intéressants, dérangeants, pertinents, intelligents, etc. Bref, tout feed-back comporte une certaine dimension évaluative en ce qu'il suppose un écart entre le niveau actuel et le niveau référentiel du comportement ou de la performance.

> _«Depuis un mois, cinq clients ont souligné ta courtoisie et ta compétence à répondre à leurs questions.»_

Ce feed-back essentiellement descriptif n'en comporte pas moins une dimension évaluative implicite.

2.1.2. Le feed-back expérientiel

Le feed-back est dit «expérientiel» quand il décrit les réactions personnelles, les sentiments ou les émotions de la personne qui donne le feed-back. Le fait de nommer la réaction affective liée à son expérience constitue la dimension expérientielle du feed-back.

France vient trouver son supérieur immédiat et lui dit: «J'ai appris par le représentant syndical que la politique de remplacement allait être modifiée; j'ai trouvé désagréable d'apprendre cette nouvelle par mon employé.» Elle ajoute une dimension expérientielle à la description de l'événement.

Le feed-back expérientiel repose sur la présence à soi et exige un climat de confiance.

2.1.3. Le feed-back inférentiel

Comme son nom l'indique, le feed-back inférentiel provient des inférences effectuées à partir des données observables. Il est possible d'observer qu'un collaborateur arrive régulièrement en retard, prend de longues pauses et intervient peu dans les rencontres de groupe, mais en conclure qu'il n'est pas motivé, même si cela était juste, relève de l'inférence. L'attribution d'intentions, de motivations, de causes au comportement est le résultat d'un processus inférentiel. Le feed-back inférentiel exprime donc la conclusion à laquelle est parvenue la personne qui donne le feed-back à partir des faits interprétés ou expliqués et souvent biaisés par ses propres valeurs, attitudes, croyances ou émotions.

Si France avait dit à son supérieur: «On dirait que tu joues à retenir l'information pour te donner du pouvoir», elle aurait donné un feed-back inférentiel.

Comme on peut s'en douter, le feed-back inférentiel est discutable, puisqu'il n'explicite pas le processus qui a permis d'arriver à la conclusion. Dès lors, la personne qui reçoit du feed-back inférentiel se voit dans l'obligation de procéder, elle aussi, à nombre d'inférences afin de décider du sens à donner au feed-back reçu. D'ailleurs, comme le feed-back inférentiel rend souvent défensif, l'échange de ce type de feed-back risque de se transformer en joute de justification réciproque. En revanche, dans certains cas, le seul feed-back possible est le feed-back inférentiel.

Une collaboratrice qui vous paraissait très impliquée dans son travail, vous semble moins enthousiaste depuis quelque temps. Vous avez sûrement perçu différents indices qui vous ont conduit à cette hypothèse; mais il serait onéreux et impossible de retrouver tous ces indices. Rien n'interdit d'ex-

_primer à cette collaboratrice: «Tu me sembles moins en-
thousiaste ces derniers temps.»_

Qu'il soit descriptif, expérientiel ou inférentiel, le feed-back
constitue un élément essentiel de toute communication interpersonnelle, la base du développement personnel et la condition
nécessaire de l'efficacité organisationnelle.

2.2. Selon la valence

Du point de vue de la valence, on distingue, d'une part, le feed-
back positif ou favorable et, d'autre part, le feed-back critique. Le
feed-back positif met en évidence les comportements et les performances qui correspondent aux attentes ou les dépassent. À l'inverse, le feed-back critique souligne les comportements ou les
performances qui se trouvent en deçà des standards établis ou qui
ont un impact négatif sur l'atteinte des buts organisationnels ou
sur le fonctionnement de l'équipe de travail.

2.3. Selon la direction du processus

En ce qui concerne la direction du processus, il va sans dire que
donner du feed-back est une expérience différente de celle qui
consiste à en recevoir. Dans les organisations, le feed-back descendant, du gestionnaire aux collaborateurs, et le feed-back
ascendant, des collaborateurs vers le supérieur hiérarchique, ne
possèdent pas les mêmes exigences.

Chacune de ces situations de feed-back offre à la fois de
nombreuses possibilités d'amélioration de la qualité du travail
accompli et des communications interpersonnelles, mais comporte aussi des écueils importants.

3.   Le feed-back positif[1]

Le feed-back positif englobe tous les gestes et les paroles qui
reconnaissent, de façon explicite, les comportements, les attitudes ou les performances contribuant, directement ou indirectement, à l'atteinte des objectifs organisationnels. D'un point de

---

1. Dans ce contexte, le feed-back positif n'a pas le même sens qu'en
    cybernétique. En cybernétique, le feed-back positif signifie une information
    qui ne renvoie pas de signaux correctifs au système; dès lors, le système
    continue son processus d'auto-accélération, augmentant ainsi l'ampleur des
    déviations à l'égard du but prédéterminé.

vue pratique, le feed-back positif sert à renforcer un comportement jugé désirable et efficace. Sur le plan psychologique, il répond à des besoins de considération, d'estime de soi, de valorisation personnelle, besoins qui, exigeant la participation d'autrui, se trouvent au cœur de l'interdépendance. C'est pourquoi, avant d'aborder les différentes modalités du feed-back positif, il convient d'en souligner l'importance dans les organisations.

3.1. L'importance du feed-back positif

Dans une perspective d'efficacité organisationnelle mettant l'accent sur la valorisation du personnel et la mise à profit des talents et des ressources de chacun, l'importance du feed-back positif n'est plus à démontrer. En effet, le feed-back positif renforce le sentiment de compétence, sert de stimulant et, de ce fait, peut accroître la motivation. Sims (1980), dans une revue de littérature sur les liens entre la punition et la performance, conclut que le feed-back positif et tous les comportements de reconnaissance sont en corrélation beaucoup plus élevée avec la performance que ne l'est le comportement punitif. Dans le même sens, Vallerand et Reid (1988) rapportent que le feed-back positif est plus motivant que le feed-back verbal négatif; en outre, il est généralement perçu et retenu de façon plus juste que le feed-back critique (Ilgen et Hamstra, 1972: voir Pavett, 1983).

Cependant, dans la plupart des organisations, le personnel déplore l'absence de feed-back positif et ce, à tous les niveaux de l'organisation. C'est un fait courant que la convocation au bureau de son supérieur hiérarchique signifie qu'une erreur a été commise. De façon générale, les collaborateurs rapportent qu'il est facile de savoir qu'une erreur a été commise, mais beaucoup plus difficile de savoir si leur travail est bien fait (Pavett, 1983). Compte tenu de l'importance du feed-back positif, on peut s'étonner du fait que plusieurs gestionnaires hésitent à donner ce type de feed-back.

3.1.1. Les raisons expliquant l'absence de feed-back positif

L'une des raisons invoquées pour justifier le fait de ne pas donner davantage de feed-back positif repose sur l'obligation contractuelle qu'ont les membres d'une organisation de bien faire ce pour quoi ils sont rémunérés. Ce qui implique qu'on n'a pas à souligner ce qui, de toutes façons, fait partie du contrat liant l'individu à l'organisation. Cette affirmation contient une part de vérité; en effet, le personnel est rémunéré pour accomplir un travail et pour le faire correctement.

Un deuxième motif concerne «la crainte éprouvée par certains gestionnaires que l'expression de feed-back positif conduise les collaborateurs à faire des demandes déraisonnables et à avoir des attentes trop élevées à leur égard» (D'Aprix, 1988, p. 268). Cependant, ne jamais souligner la bonne performance et les contributions intéressantes implique que les personnes ne seront reconnues, ne recevront d'attention que si elles manquent à leurs obligations. Enfin, le manque de temps sert souvent à expliquer l'absence de feed-back positif: «On est déjà surchargé, si en plus il faut prendre du temps pour reconnaître les bons coups, on ne s'en sortira pas.» Nous redirons ce qui a déjà été mentionné au sujet de l'écoute, cette économie de temps est illusoire. Les miettes de temps ainsi sauvées sont reprises à se plaindre de ce que chacun ne fait que le minimum et à élaborer des stratégies pour motiver et impliquer le personnel. En revanche, les gestionnaires, et ils sont de plus en plus nombreux, qui ont saisi l'importance du feed-back positif sont à même d'en constater l'impact sur la valorisation personnelle, l'énergie ainsi libérée et la qualité du travail accompli.

3.2. Les modalités du feed-back positif

Avant d'aborder le feed-back positif proprement dit, il faut soul gner d'autres types d'interventions qui, sans être du feed-back au sens strict, n'en constituent pas moins des formes de considération individuelle, laquelle représente l'une des dimensions fondamentales du leadership (Tellier, 1991). Les félicitations, la courtoisie et l'écoute peuvent être vues comme des modalités de feed-back positif.

3.2.1. Les félicitations

Les félicitations sont une arme à double tranchant. À moins qu'elles ne soient exceptionnelles et portent sur une réalisation ou une performance très spécifique, elles suscitent facilement de l'inconfort ou de la méfiance. La personne félicitée peut penser: «il essaie de me manipuler», «elle me dit ça pour que je travaille encore plus fort», «je me demande bien ce qu'il veut, maintenant?» Par ailleurs, les félicitations qui portent sur ce qu'est la personne plutôt que sur ce qu'elle fait rendent généralement mal à l'aise.

Les félicitations pour tout et pour rien risquent, à long terme, d'entamer la crédibilité du gestionnaire. Mais féliciter, sincèrement et à l'occasion, pour une contribution particulière et exceptionnelle, peut stimuler et donner du courage. Les collaborateurs sont très sensibles aux marques de reconnaissance et il est possible de formuler un compliment sincère, sans tomber dans la flatterie.

3.2.2. La courtoisie

La courtoisie signifie la civilité, l'élégance et la considération dans les rapports humains et cela, quel que soit le niveau hiérarchique de son interlocuteur. Bennis et Nanus (1985, p. 61) décrivant les caractéristiques des meilleurs leaders, mentionnent qu'«ils portent à ceux qui sont proches d'eux la même attention courtoise qu'à des étrangers et à des connaissances éloignées». Au quotidien, la courtoisie représente une forme indirecte de feed-back positif dans la mesure où chacun est traité avec dignité, ce qui le confirme dans sa valeur. Une attitude de courtoisie de la part du gestionnaire sert également de modèle aux membres de son équipe qui apprendront à avoir des opinions divergentes sans pour autant transposer ces différends dans les rapports interpersonnels, ni adopter des comportements intolérants ou outranciers pour exprimer leur désaccord.

3.2.3. L'écoute

Le comportement d'écoute constitue également une forme de considération en ce sens que, reconnaissant la validité de la personne qui parle, il donne confiance. Par exemple, écouter et appliquer, s'il y a lieu, les suggestions ou les idées des collaborateurs concernant l'amélioration du travail constituent un signe de reconnaissance.

3.2.4. Le feed-back positif proprement dit

Le feed-back positif proprement dit correspond essentiellement à l'expression des conséquences positives d'un comportement, d'une contribution ou d'une performance particulière.

> «*Parce que tu as fait immédiatement un rapport d'accident complet, nous avons pu régler à l'amiable avec le client.*»

Pour être efficace, le feed-back positif doit être spécifique en faisant référence à une action, une performance, une intervention ou un événement précis. Le feed-back positif vague a relativement peu d'impact. Il peut même être attribué à la bonne humeur du gestionnaire plutôt qu'à la qualité du travail fait. La tape sur l'épaule ou l'affirmation vague « vous faites du bon travail » a peu de poids, surtout si ça devient systématique. Comparativement au feed-back imprécis, le feed-back spécifique est perçu comme plus crédible ; la personne qui reçoit un feed-back spécifique se perçoit davantage comme méritant le feed-back et elle y réagit positivement.

Par contre, les différences individuelles dans la réaction au feed-back positif doivent être prises en compte. Pour certaines personnes, la confiance représente la forme de feed-back positif la plus appréciée ; pour d'autres qui préfèrent des mandats plus précis, du feed-back régulier sur leur performance sera stimulant. D'autres encore s'attendent à une attitude chaleureuse dans toutes leurs interactions. Enfin, comme le rapportent Vallerand et Reid (1988), certains individus percevant le feed-back positif comme une forme de contrôle y réagissent négativement. Les gestionnaires ont donc comme tâche de déceler ces préférences et d'y adapter leur style. Mais donner du feed-back positif, quelle qu'en soit la forme, demeure une composante centrale de leur rôle.

Activité 5.1   De quel type de feed-back s'agit-il?

Consigne: Pour chacun des énoncés suivants, indiquez, dans un premier temps, en *soulignant* le ou les termes choisis, s'il s'agit d'un feed-back descriptif, expérientiel ou inférentiel. Il faut rappeler qu'un feed-back peut contenir à la fois des informations descriptives, expérientielles et inférentielles. Dans un deuxième temps, indiquez de la même manière, s'il s'agit d'un feed-back vague ou spécifique.

Exemple: «Ça m'exaspère de toujours avoir à te demander tes feuilles de temps.» Il s'agit d'un feed-back *descriptif* (demander les feuilles de temps) et *expérientiel* (ça m'exaspère) plutôt *vague* (toujours).

A. Tu es vraiment mon meilleur employé, sauf que tu veux toujours avoir le dernier mot.	Descriptif, expérientiel, inférentiel Vague ou spécifique
B. Ce rapport est complet et tu l'as fait en un temps record.	Descriptif, expérientiel, inférentiel Vague ou spécifique
C. Je te remercie d'avoir pris l'initiative d'ajouter le tableau des variations; cela été très utile pour le comité.	Descriptif, expérientiel, inférentiel Vague ou spécifique
D. Quand je te vois regarder ton agenda du coin de l'œil, je n'ai plus le goût de continuer à parler.	Descriptif, expérientiel, inférentiel, Vague ou spécifique
E. J'apprécie beaucoup ton esprit de synthèse; tes présentations sont claires et bien articulées, cela contribue à la rapidité et à la qualité des décisions que nous prenons.	Descriptif, expérientiel, inférentiel, Vague ou spécifique

Corrigé p. 248.

4.   Le feed-back critique

Alors que le feed-back positif encourage et donne du soutien, le feed-back critique se situe au pôle de la confrontation. La confrontation vise la réflexion critique, la considération de solutions de rechange, l'élargissement des possibles, la remise en question des manières de faire. Sur le plan pratique, le feed-back critique s'impose soit pour modifier un comportement jugé inefficace ou inapproprié, une performance inadéquate, soit pour remettre en question des façons de voir improductives. Bien qu'essentiel au fonctionnement des organisations, donner du feed-back critique demeure une activité de communication des plus exigeantes en raison principalement de la défensivité qu'il suscite.

4.1.   La menace liée au feed-back critique

Quand il s'agit de donner du feed-back critique, plusieurs difficultés surgissent, difficultés relevant autant de la personne qui doit donner le feed-back que de celle qui le reçoit. Comme le souligne Brookfield (1987, p. 91), «l'habileté à confronter sans intimider, sans menacer l'autre au point où il refuse de continuer à écouter est une des habiletés de communication les plus difficiles à acquérir».

Donner du feed-back critique repose sur les habiletés de communication interpersonnelle, notamment sur la capacité à composer avec la défensivité. Dans la rencontre de feed-back, les deux personnes émettent des signaux qui peuvent être interprétés de différentes manières; en effet, il arrive que les gestionnaires, en cours d'échange, modifient le feed-back pourtant préparé avec soin, devant les signaux de détresse presque imperceptibles émis par la personne qui reçoit le feed-back.

Comme les individus se définissent en partie selon leur compétence à accomplir une tâche, toute remarque critique à l'égard de leur performance ou de leur comportement au travail peut être perçue comme une évaluation de leur personne et, par conséquent, menacer leur estime de soi. C'est en raison de cette dimension évaluative que le feed-back critique peut être menaçant et, de ce fait, susciter des réactions défensives telles que la colère, la négation ou la rationalisation. Dans ce cas, l'information transmise n'étant pas utilisée de façon constructive, elle ne peut servir à enclencher le processus qui mènera à l'amélioration désirée.

De plus, le feed-back critique, même s'il est donné de façon respectueuse et juste, n'est jamais une expérience agréable pour quiconque le reçoit; il ne faut surtout pas s'attendre à ce que la personne soit contente si ce que vous avez à lui dire est désagréable, confrontant ou dérangeant. Dans les meilleures conditions, l'autre se sentira probablement un peu embarrassé ou défensif. Il importe donc de demeurer attentif à cet aspect du feed-back critique.

Si le feed-back provoque de fortes réactions défensives, il faut prendre du temps pour atténuer ces réactions plutôt qu'essayer de convaincre et de raisonner en ajoutant des informations additionnelles. Dans ce cas, l'écoute active constitue le moyen le plus sûr de diminuer les réactions défensives. Mais si l'on constate que, malgré l'écoute des objections, le feed-back critique n'est toujours pas accepté, il faut parfois mettre un terme à l'entretien, demander à l'autre d'y penser, puis fixer une autre rencontre. Compte tenu de la menace liée au fait de recevoir un feed-back critique, il convient de respecter certaines conditions afin de créer le contexte qui soit le moins menaçant possible et atteindre ainsi les objectifs de cette intervention.

4.2. Les conditions d'efficacité du feed-back critique

Le feed-back critique doit être utile à la personne qui le reçoit, c'est-à-dire que la personne qui le reçoit doit comprendre l'information, accepter cette information comme valide et être capable d'agir différemment suivant cette information. Pour atteindre ce triple objectif, quelques écueils sont à éviter et la transmission du feed-back doit respecter certaines règles.

4.2.1. Les pièges à éviter

Les principaux facteurs nuisant à l'efficacité du feed-back sont l'attitude punitive, la recherche des causes et la volonté de changer l'autre.

L'attitude punitive

L'attitude punitive, parce qu'elle renforce la menace psychologique, met en péril l'efficacité du feed-back. Même s'il comporte une dimension confrontante, le feed-back critique n'est ni l'accusation, ni le blâme, ni le dénigrement, ni l'attaque, ni l'affrontement; il n'a pas pour objectif de trouver un coupable et de le condamner, mais bien de résoudre des problèmes ou de mettre en place des conditions d'amélioration. En ce sens, le feed-back critique doit être orienté vers le futur plutôt que vers le passé. Il faut noter ici cependant que le feed-back critique n'a de sens que si, au préalable, les attentes ont été formulées explicitement. Toutefois, selon Fairhurst *et al.* (1984), les gestionnaires ayant à donner du feed-back critique, ont tendance à le faire selon une approche punitive : le feed-back est alors formulé sous la forme de critiques, de réprimandes, de menaces ou d'ordres. Parfois, les gestionnaires commencent l'entretien de feed-back critique selon le mode de la résolution de problèmes, mais devant des réactions défensives ou la rétention d'information, ils changent rapidement de style en allant dans le sens d'une approche punitive.

En somme, pour être efficace, il importe que la personne qui prend l'initiative du feed-back critique, connaissant bien les fonctions essentielles du feed-back critique, ne l'utilise pas de manière punitive ni comme un moyen d'exercer son pouvoir sur l'autre. Le feed-back critique utile n'est pas une occasion pour les gestionnaires d'évacuer leurs frustrations.

La recherche des causes

Une deuxième attitude souvent inefficace consiste à être indûment concerné par les raisons qui motivent le comportement plutôt que de mettre l'accent sur les moyens de modifier le comportement ou la situation. Les causes ou les motivations d'un comportement sont nombreuses, à la fois lointaines et immédiates, conscientes et inconscientes c'est pourquoi tenter de s'y retrouver dans le labyrinthe des causes est une entreprise périlleuse dont le succès est loin d'être assuré. De plus, l'accent mis sur les causes du comportement encourage la personne à rationaliser et à justifier son comportement évitant ainsi d'envisager les modifications requises.

Le désir de changer la personne

Enfin, le feed-back ayant pour objectif de changer la personne est pratiquement inutile, car il est exceptionnel que les gens modifient leur manière d'être-au-monde, leur personnalité sous l'influence du feed-back critique. Comme le remarque justement Drucker (1975, p. 470), «chercher à changer la personnalité d'un adulte est toujours une entreprise vouée à l'échec : un adulte en âge de travailler a une personnalité bien déterminée. Il ne s'agit pas de changer sa personnalité, mais de lui permettre de se réaliser et d'arriver à un rendement grâce à ce qu'il est et à ses qualités.»

Alors, demande-t-on souvent: «Pourquoi donner du feed-back si ça ne change rien?» Pour la simple raison que le feed-back critique rend possible l'amélioration des relations interpersonnelles et du rendement, en ce qu'il permet à la personne qui le reçoit de connaître l'impact de ses comportements sur autrui ou de sa performance sur l'organisation. De plus, la reconnaissance de l'impossibilité où nous sommes de changer les autres selon nos désirs nous amène à envisager des modifications ou des changements plus modestes et plus accessibles.

4.2.2. Les caractéristiques du feed-back efficace

L'objectif du feed-back critique est de trouver ensemble des moyens de faire advenir les changements qui s'imposent. L'échange de feed-back atteint son but, quand les deux parties reconnaissent d'abord que leur vision des choses est empreinte de subjectivité. De ce fait, c'est la mise en commun, l'intégration de deux points de vue qui est visée et non la victoire de l'un sur l'autre. C'est dans cette perspective que les caractéristiques du feed-back efficace prennent tout leur sens.

Le feed-back est descriptif ou expérientiel plutôt qu'inférentiel.

Le feed-back critique doit être donné en regard de critères établis, de résultats attendus ou d'améliorations possibles et non en termes de bons ou mauvais. Il doit porter sur un comportement, un résultat, une performance et non sur la personne, sur ses motivations, ses valeurs ou ses traits de caractère. L'émetteur du feed-back évite d'attribuer des intentions à l'autre et de porter un jugement de valeur sur sa personne. Les opinions, perceptions et réactions de la personne qui donne le feed-back, la dimension expérientielle du feed-back, doivent être présentées comme telles et non comme des faits.

À cet égard, le feed-back portant sur des attitudes et non sur des actions pose certaines difficultés. Par exemple, comment donner du feed-back critique à une personne manifestant une attitude négative qui, selon vous, affecte le climat de l'équipe? Souvent, les gestionnaires armés de bonne volonté et de patience essaient de prouver à la personne «négative» qu'elle aurait avantage à être plus «positive» et ce, autant pour elle que pour les autres. Ils essaient également de lui faire verbaliser pourquoi elle est si négative. Évidemment, les changements souhaités se font attendre. Il est impossible de changer de telles attitudes, elles sont ancrées profondément et constituent la manière d'être-au-monde de l'individu; lui-même souvent n'y peut rien, sinon apprendre à vivre avec cette façon de voir le monde. Cependant, la responsabilité du gestionnaire est de lui demander fermement de s'abstenir de manifester ouvertement son négativisme en lui faisant voir l'impact de son comportement sur le groupe. C'est une nuance, mais une nuance qui peut faire toute la différence.

Le feed-back est spécifique.

Comme pour le feed-back positif, le feed-back critique doit être spécifique en faisant référence à une situation ou à un événement précis. Le feed-back vague engendre de la confusion et provoque des malentendus. Dire à Julie que ses rapports ne sont pas bien faits ne l'aide pas beaucoup à s'améliorer. Pour donner ce type de feed-back de façon spécifique, il faut prendre le temps de préciser avec Julie les aspects qu'elle doit améliorer dans la rédaction de ses rapports.

Le feed-back est donné avec courtoisie.

Le feed-back critique doit tenir compte de la sensibilité du récepteur. Il respecte la liberté de la personne qui reçoit le feed-back et lui offre la possibilité de ne pas perdre la face. Le feed-back n'est pas un règlement de comptes; l'objectif du feed-back critique n'est pas de punir l'autre mais de l'aider à modifier son comportement, l'expression de son attitude ou son rendement. Tout en étant à l'écoute, il importe de demeurer courtois et persistant, même si l'autre n'accepte pas le feed-back.

Le feed-back est donné au moment propice.

Le feed-back critique a plus de chances d'atteindre son objectif s'il est donné au moment propice, c'est-à-dire le plus tôt possible après l'événement, évitant ainsi de s'en remettre au temps qui est censé arranger les choses ou d'attendre qu'une bonne occasion se présente. Il y a rarement de bonnes occasions pour donner du feed-back critique et, dans ce cas, le temps rend souvent la situation plus complexe et plus difficile à modifier. Toutefois, une réserve s'impose. La personne qui donne le feed-back critique doit se trouver dans des conditions émotives lui permettant de donner un feed-back utile. Ainsi, après un incident fâcheux, il est préférable d'attendre d'avoir retrouvé son calme avant de donner du feed-back critique. L'explosion de colère peut s'avérer un exutoire libérateur pour qui s'y adonne, mais elle est peu utile pour le fonctionnement de l'équipe et peut être dommageable pour quiconque en fait les frais.

Le feed-back est vérifié en termes de compréhension.

Parce qu'il rend défensif, le feed-back critique est souvent mal compris. Il importe donc de s'assurer que le récepteur du feed-back a compris le message correctement en ayant recours aux questions d'exploration et à l'écoute active. Cette opération de régulation permet souvent à la personne qui a donné le feed-back de rappeler certaines nuances, d'apporter des informations additionnelles et, dans certains cas, de se rendre compte que le feed-back n'a été ni compris ni accepté. Une transmission de feed-back ne doit donc pas se terminer avant d'avoir demandé les réactions de celui qui le reçoit surtout s'il est resté silencieux.

« *Qu'est-ce que tu en penses ?* »

« *Comment réagis-tu à ce que je dis ?* »

Bref, pour être efficace, le feed-back doit être descriptif ou expérientiel, spécifique, donné avec courtoisie et le plus tôt possible après l'événement en cause. La vérification de la compréhension qu'en a celui qui le reçoit donne des indications précieuses quant à la réussite de cette délicate opération.

Activité 5.2   Le feed-back efficace

Consigne :   À partir de la situation décrite ci-dessous, commentez chacune
des répliques en fonction de sa pertinence. Puis, indiquez celle
qui vous paraît le mieux répondre aux exigences du feed-back
critique.

Situation

Vous êtes le supérieur immédiat de Serge ; ce dernier a fait une présentation
au comité de gestion qui vous a semblé trop longue et trop détaillée. Vous
avez noté des signes d'impatience parmi les membres du comité.

A.   Que penses-tu de ta présentation d'hier ?

_____

_____

_____

_____

B.   Quand tu as fait ta présentation hier, j'ai remarqué que les
membres du comité manifestaient des signes d'impatience ;
as-tu noté ça ?

_____

_____

_____

_____

C.   Ah ! tiens Serge, pendant que tu es là, je voulais te dire que
tu aurais dû faire une présentation plus courte au dernier
comité de gestion. Ç'aurait été beaucoup plus efficace.

_____

_____

_____

_____

D.   Ta présentation d'hier était ennuyante et trop longue ; tu as
présenté des détails non pertinents ; es-tu d'accord avec ça ?

_____

_____

_____

Corrigé p. 248.

4.3. Se préparer à une rencontre de feed-back critique

Les rencontres de feed-back critique s'improvisent difficilement. Il est important de se préparer à une telle rencontre surtout si le sujet est délicat et la relation fragile. Les quelques questions qui suivent constituent des points de repères pour se préparer de façon appropriée à une rencontre de feed-back critique.

De quoi s'agit-il précisément?

Sur quoi porte précisément le feed-back critique? S'il s'agit d'attitudes, par exemple, l'arrogance ou la passivité, il faut faire l'effort d'identifier des comportements par lesquels se manifeste cette attitude. Faire l'effort de décrire précisément la situation en termes simples sans tenter de la diminuer et sans dramatiser est indispensable.

Quel est l'impact négatif de ce comportement?

Il importe de relever les conséquences du comportement pour l'organisation, pour l'équipe ou pour le gestionnaire lui-même. Si le comportement dérange les collègues, mais semble anodin au gestionnaire, ce dernier a avantage à mobiliser les personnes concernées dans un processus de résolution de problème plutôt que se faire le porte-parole du groupe.

Comment ce comportement m'affecte-t-il personnellement?

Les comportements susceptibles de faire l'objet de feed-back critique peuvent agacer personnellement en plus d'avoir des impacts négatifs plus objectifs sur le travail ou le climat de l'équipe. Attention à ne pas dire trop rapidement: «Moi, ça ne me dérange pas, c'est pour les autres ou pour lui-même.» Il est rare qu'on pense donner du feed-back critique par rapport à un comportement qui ne nous dérange pas, ne serait-ce qu'indirectement.

Quels sont mes sentiments à l'égard de la personne?

Les sentiments éprouvés à l'égard de la personne à qui on doit donner du feed-back critique interviennent dans le processus de communication du feed-back. Il est relativement facile de donner du feed-back critique à une personne pour qui on éprouve de l'affection, du respect et de l'estime. En revanche, donner du feed-back critique à un individu qui nous est moins sympathique est beaucoup plus exigeant. La conscience de ses sentiments, sans rendre la tâche plus facile, permet à tout le moins d'être prudent afin de limiter les dégâts. Par conséquent, la transmission de feed-back critique suppose que la personne responsable de donner du feed-back reconnaît de façon juste et lucide les sentiments qu'elle éprouve vis-à-vis de l'autre.

4.4. *Donner du feed-back critique à ses collaborateurs*

Le feed-back descendant, c'est-à-dire des gestionnaires vers leurs collaborateurs, pose certaines difficultés spécifiques. Dans les cas extrêmes se retrouvent les gestionnaires qui conçoivent la communication entre niveaux hiérarchiques comme la descente des ordres et la remontée des rapports. Heureusement, il semble qu'il s'agisse là d'une espèce en voie de disparition. À l'opposé, d'autres gestionnaires, désirant être aimés de tous, hésitent à donner du feed-back critique. De façon générale, il semble que le feed-back critique soit vu comme une tâche désagréable que les gestionnaires ont tendance à escamoter. De même, les évaluations périodiques sont le cauchemar de plusieurs gestionnaires. Certains banalisent l'opération, d'autres tentent de l'éviter et d'autres, enfin, le font avec sérieux et beaucoup de stress. Ainsi, dans certaines organisations, on a observé que les gestionnaires haussent artificiellement les cotes d'évaluation annuelle pour éviter la confrontation (Cohen et Jaffe, 1982).

Comme le démontrent Tesser et Rosen (1975), les gens sont réticents à transmettre de l'information négative. Selon McGregor (1960), l'hésitation des gestionnaires à donner du feed-back critique provient de ce que cette action est vue comme un jugement portant sur autrui, ce qui suscite des sentiments d'ambivalence et de l'évitement. En effet, la plupart des gestionnaires ayant à donner du feed-back critique éprouvent des sentiments négatifs; les sentiments les plus souvent mentionnés sont la gêne, le malaise, la culpabilité, la colère, l'anxiété, la crainte de blesser. Même les gestionnaires ayant beaucoup d'expérience avouent que c'est difficile et exigeant. Ainsi, quand les gestionnaires redoutent que la rencontre de feed-back critique se transforme en scène désagréable et détériore la relation, ils évitent de donner du feed-back critique juste et précis. C'est ce qui explique que les gestionnaires s'abstiennent, autant que possible, de donner du feed-back critique ou remettent à plus tard cette activité. N'ayant plus le choix, la situation étant devenue intolérable, la plupart ont tendance à faire des reproches de façon impulsive et selon un mode punitif (Larson, 1989).

Pour améliorer le feed-back descendant, les gestionnaires ont intérêt à utiliser davantage le feed-back comme moyen de régulation. Attendre que la situation soit devenue intolérable crée précisément des conditions défavorables à l'efficacité du feed-back. En revanche, quand les gestionnaires font du feed-back une pratique régulière, ils démystifient cette intervention et développent leur compétence à le faire. De plus, un climat de confiance et d'ouverture facilite l'échange de feed-back critique. Enfin, le feed-back critique est mieux reçu quand il est exprimé par quelqu'un qui est aussi capable de donner du feed-back positif.

4.5. Donner du feed-back critique à son supérieur hiérarchique

Il n'est pas facile pour une personne ayant un statut inférieur dans une organisation d'aller trouver un individu de statut plus élevé et de lui donner du feed-back qui n'a pas été demandé et qui, probablement, n'est pas désiré. Comment dire à son supérieur hiérarchique que «ça ne va pas», ou que «la manière dont on fonctionne n'est pas efficace» sans envenimer les rapports interpersonnels?

Cette situation est encore plus exigeante quand le supérieur hiérarchique se sent facilement accusé ou menacé. Souvent, le risque paraît tellement grand que l'option prise consiste à rester silencieux de crainte que le gestionnaire, disposant d'un certain pouvoir organisationnel, s'en serve pour punir le porteur de mauvaises nouvelles. Cette stratégie du silence est largement utilisée dans les organisations pour composer avec les gestionnaires qui ont un impact négatif sur leurs collaborateurs; cette stratégie masque les conditions réelles et garde la frustration et le négativisme cachés mais tout aussi agissants. Cependant, il arrive que les craintes qu'éprouvent les collaborateurs à donner du feed-back critique à leur supérieur hiérarchique ne soient pas fondées. Et les personnes qui prennent le risque de le faire y gagnent souvent le respect et la crédibilité de leur gestionnaire.

En plus des conditions d'efficacité de tout feed-back critique, il importe d'être encore plus attentif, lors de feed-back ascendant, à éviter tout blâme ou accusation et à s'abstenir de dicter la conduite à suivre.

Supposons que vous êtes adjoint à la directrice de l'informatique. Plusieurs informations importantes vous manquent; les usagers se plaignent, alléguant que vous devriez posséder ces informations.

Pour donner du feed-back à votre directrice, il importe que vous décriviez votre situation sans l'accuser, sans la culpabiliser et sans lui dire comment elle devrait agir.

Décrire votre situation: «Je ne suis pas au courant des demandes qui vous sont adressées, mais je dois y répondre.»

Exprimer sincèrement ce que vous ressentez: «Je trouve ça difficile, j'ai l'impression d'être dans le vague.»

Préciser les conséquences négatives: «Plusieurs usagers m'ont fait des remarques désagréables, étonnés de constater que je ne connaissais pas leur dossier.»

Formuler votre demande: «J'ai besoin que nous ajustions nos manières de fonctionner. Qu'est-ce que vous en pensez?»

Même s'il n'est jamais facile de donner ni de recevoir du feed-back critique, c'est une forme de communication à laquelle les gestionnaires, leurs collaborateurs et collaboratrices ne peuvent se soustraire, sans porter atteinte à la qualité du travail accompli.

5.   La recherche active de feed-back

Généralement, les gestionnaires évitent autant que possible de donner du feed-back critique et oublient de donner du feed-back positif. Donnant peu de feed-back, les gestionnaires en reçoivent également peu. Une autre façon d'aborder le feed-back consiste à adopter une attitude proactive dans l'obtention de feed-back: c'est la recherche active de feed-back._

5.1.   La dynamique de recherche active de feed-back

Dans les organisations, éviter le feed-back critique peut s'avérer très coûteux. Pour être efficaces et apprendre de leurs erreurs, les gestionnaires doivent comprendre les actions qui ont eu un impact négatif pour les corriger; «ils doivent développer une image précise de la façon dont ils sont perçus par leurs collaborateurs» (Ashford et Tsui, 1991, p. 254). Comme le rôle de gestionnaire est empreint d'ambiguïté, l'évaluation de son efficacité est constituée, en partie, par des jugements subjectifs (Ashford et Tsui, 1991; Quinn, 1988), et s'en remettre uniquement à son auto-évaluation est donc insuffisant.

5.1.1. Les limites de l'auto-évaluation

Les résultats de recherche révèlent que les individus ont une perception biaisée de leurs habiletés et tendent à se surestimer (Mabe et West, 1982). De ce fait, les auto-évaluations donnent plus d'indications sur la conscience de soi de la personne qui s'auto-évalue que sur ses habiletés. Opérationnellement, la validité des auto-évaluations, reliée à la conscience de soi en interaction, est définie par l'accord entre les évaluations faites par soi et celles des autres (Atwater et Yammarino, 1992). De fait, les gestionnaires qui se surévaluent le plus sont précisément les personnes qui ne voient pas la nécessité d'apporter des modifications à leur conduite, modifications par ailleurs fortement attendues par les autres. Car plus importante est la différence entre les images de soi et les perceptions d'autrui, moins grandes sont les possibilités de développer des relations efficaces et satisfaisantes, de connaître l'impact de ses comportements et, par conséquent, de s'améliorer. En revanche, la correspondance entre l'auto-évaluation du gestionnaire et celle de ses collaborateurs prédit la capacité de celui-ci à profiter de cette expérience de feed-back pour modifier son comportement et ses pratiques de gestion (Atwater et Yammarino, 1992). Donc, l'auto-évaluation non validée par les perceptions des collaborateurs comporte de sérieuses limites.

5.1.2. La perception des autres

L'évaluation de certaines dimensions de la gestion concernant notamment le style de communication et le leadership correspond à des jugements subjectifs des collaborateurs, des pairs et des supérieurs. D'autres aspects de la gestion tels que la pertinence et la justesse du feed-back, la qualité de l'écoute, la pertinence de la supervision ne peuvent être évalués de façon valide que par les collaborateurs (Lee, 1990). Mais il est à la fois étonnant et navrant de constater à quel point plusieurs gestionnaires ignorent les réactions de leurs collaborateurs à leur gestion tout en croyant bien les connaître.

Rechercher activement du feed-back constitue le moyen le plus efficace pour connaître l'impact de son rôle de gestionnaire, pour son adaptation et son amélioration. Selon Timm (1990, p. 94), «dans le processus d'amélioration de sa performance comme gestionnaire, probablement que l'habileté la plus importante est sa capacité à obtenir du feed-back honnête concernant son impact sur les autres». En conséquence, pour obtenir une représentation juste de leur performance, les gestionnaires doivent chercher de l'information auprès de leurs supérieurs, de leurs pairs et de leurs collaborateurs. À cet égard, la recherche active de feed-back constitue une source d'information inestimable, même si cette démarche comporte certaines exigences.

5.1.3. Les exigences de la recherche active de feed-back

Dans le recherche active de feed-back, les individus font l'expérience d'un conflit entre, d'une part, leur désir d'obtenir un feed-back honnête et, d'autre part, leur désir d'augmenter leur estime de soi (Ashford et Cummings, 1983; Ashford, 1986). C'est ce qui explique que certains gestionnaires font en sorte d'obtenir indirectement le feed-back qui confirme leurs autoperceptions plutôt que faire face à des évaluations moins biaisées.

Les gestionnaires évitent le feed-back pour diverses raisons: la crainte d'être dévalorisés, l'évitement des complications, l'espoir que le temps arrangera les choses ou le manque de confiance en leurs habiletés de communication. La plupart des gestionnaires n'hésitent pas à rechercher du feed-back auprès de leur supérieur, mais dans l'ensemble, ils sont réticents à rechercher du feed-back auprès de leurs pairs et de leurs collaborateurs. Plusieurs gestionnaires considèrent la recherche active de feed-back auprès de leurs collaborateurs comme un aveu de faiblesse, une preuve du manque de confiance en soi et d'assurance. Cette croyance semble justifiée quand les collaborateurs estiment que le gestionnaire ne recherche que le feed-back positif. Mais il y a tout lieu de croire que c'est l'inverse qui se produit quand le gestionnaire est également ouvert au feed-back critique. Pour demander du feed-back à ses collaborateurs, il faut par conséquent posséder suffisamment de sécurité personnelle pour composer avec la menace psychologique que représente l'éventualité de recevoir du feed-back critique.

Toutefois, il semble que «les gestionnaires qui dépassent la menace psychologique et recherchent de façon active et explicite du feed-back développent une vision plus pertinente de leurs habiletés, de leur performance et de leur position dans l'organisation. Ils disposent ainsi d'une meilleure base pour entreprendre des actions correctives.» (Ashford et Tsui, 1991, p. 255) En effet, Ashford et Tsui (1991), dans une étude empirique, démontrent que la recherche active de feed-back est associée positivement à la justesse de l'autoperception et à l'efficacité du gestionnaire telle que l'évaluent les supérieurs, les pairs et les collaborateurs. En somme, les gestionnaires ne peuvent compter influencer leurs collaborateurs s'ils sont incapables de situer avec justesse comment leur gestion est évaluée (Ashford, 1991, p. 271). Mais comment obtenir de l'information sur soi et contrer la distorsion ascendante?

5.1.4. La distorsion ascendante

On connaît la réticence des collaborateurs à transmettre de l'information qui pourrait nuire à leur carrière. Toutes les fois qu'une personne croit, à tort ou à raison, que le fait d'évoquer des difficultés ou d'avoir des opinions divergentes peut inciter son supérieur à l'empêcher d'atteindre ses objectifs personnels, elle retient l'information ou la déforme (Lewis, 1987). C'est pourquoi il est souvent difficile pour les gestionnaires de connaître l'impact de leurs comportements sur les autres. Se fiant aux sourires polis, au consensus apparent et à l'entente superficielle, les gestionnaires croient souvent à tort que ces indices représentent l'impact de leurs actions.

La distorsion de la communication ascendante est reliée étroitement au climat de confiance. Quand, dans une relation gestionnaire–collaborateur, l'une des personnes se méfie de l'autre, la personne méfiante tait ses sentiments et s'engage dans un comportement de communication évasif ou complaisant, réduisant ainsi les divergences, ou au contraire, manifeste un comportement hostile qui tend à exagérer les oppositions entre les deux. La rétention et la manipulation de l'information créent un climat de suspicion et de méfiance. Par contre, l'ouverture dans les échanges d'information semble être reliée à la performance organisationnelle, notamment à la qualité du feed-back (Jablin, 1982). Donc, l'une des manières de réduire la distorsion du feed-back ascendant consiste pour les gestionnaires à manifester une attitude de considération et d'ouverture à l'égard de leurs collaborateurs. Parallèlement, l'augmentation de la justesse et de la pertinence du feed-back descendant constitue un modèle pour les collaborateurs et contribue, de ce fait, à instituer des normes d'ouverture quant au feed-back.

En résumé, dans un climat d'ouverture et de confiance, recueillir directement les perceptions et les évaluations des personnes cibles représente une ressource inestimable dont disposent les
gestionnaires pour améliorer leur performance. Cette recherche
active de feed-back revient essentiellement à demander à ses
collaborateurs: «Qu'est-ce que je peux faire pour vous aider à
mieux accomplir votre travail?» (D'Aprix, 1982, p. 17) En pratique, la recherche active de feed-back peut prendre différentes
modalités.

5.2. Les modalités de recherche active de feed-back

La pratique systématique du feed-back ascendant commence à
faire partie des normes culturelles de plusieurs organisations. Par
exemple, dans certaines organisations, l'évaluation annuelle des
collaborateurs comprend également l'évaluation de leur gestionnaire par ces derniers. D'Aprix (1988) rapporte le cas d'une entreprise où les collaborateurs ont l'opportunité d'évaluer leur
gestionnaire à l'aide d'un questionnaire écrit. À la fin du questionnaire, les trois questions suivantes apparaissent (p. 269):

> _Comment évaluez-vous l'efficacité générale de votre gestion-
> naire?_

> _Verriez-vous votre gestionnaire comme un modèle de rôle
> pour d'autres gestionnaires?_

> _Si vous aviez le choix, travailleriez-vous encore avec votre
> gestionnaire?_

Même si la pratique de recherche active de feed-back n'est
pas généralisée dans leur organisation, les gestionnaires qui le
désirent peuvent en prendre l'initiative. À cet égard, différentes
modalités pour obtenir du feed-back sont proposées.

5.2.1. La demande individuelle directe

La méthode la plus simple est l'échange à deux. Cette rencontre
peut être précédée d'une demande permettant à l'autre de s'y
préparer de façon appropriée.

> _«J'aimerais connaître tes réactions concernant ma perfor-
> mance comme gestionnaire. Vois-tu quelque chose qui peut
> créer des problèmes aux autres? Aurais-tu des suggestions
> qui me permettraient d'améliorer mon efficacité comme ges-_

tionnaire? Nous pourrions nous rencontrer la semaine pro-chaine. Je te remercie.» (Timm, 1980, p. 95)

La demande individuelle directe peut se faire aussi bien auprès de ses supérieurs, de ses collègues que de ses collaborateurs.

5.2.2. Le feed-back individuel écrit

Une autre modalité consiste à demander à chacun de ses collaborateurs d'écrire quelques remarques concernant la performance de leur gestionnaire. La demande peut être formulée de la manière suivante :

> *«J'aimerais améliorer ma gestion. Seriez-vous disposé à prendre quelques minutes de votre temps pour écrire toute suggestion qui pourrait m'aider à améliorer ma performance comme gestionnaire? Vous pouvez également répondre aux deux questions suivantes : Quelles sont les dimensions de ma gestion qui vous sont le plus utiles? Si je désire améliorer mes attitudes comme gestionnaire, quelles suggestions pouvez-vous me faire?»*

Il est à noter que la formulation des questions fait appel à des suggestions ou à des pistes d'amélioration et non à des critiques.

5.2.3. Le feed-back anonyme en sous-groupe

Pour assurer l'anonymat, l'équipe peut être divisée en sous-groupes; les collaborateurs se rencontrent, écrivent le feed-back du groupe, en font une synthèse et remettent le document. La demande de feed-back peut être formulée de la manière suivante :

> *«Cela m'aiderait si vous pouviez me faire des suggestions concrètes pour améliorer ma gestion. Je ne participerai pas à vos rencontres. Vous n'avez pas à identifier qui a dit quoi. Je suis plus intéressé à avoir l'information qu'à savoir qui a dit quoi. Cependant, si un sous-groupe veut me parler directement, je suis aussi ouvert à cette possibilité.» (Timm, 1980, p. 96)*

5.2.4. Le feed-back direct en groupe

Chaque gestionnaire peut aussi rencontrer tous ses collaborateurs en groupe pour discuter de son style de gestion et leur demander de lui faire des suggestions; cette procédure exige un climat de confiance et beaucoup de sécurité personnelle de la part du gestionnaire.

Le format de la rencontre peut varier. Par exemple, chaque personne est invitée à exprimer ses réactions et donner des suggestions. Le groupe peut se subdiviser en sous-groupes pour quelques minutes et revenir en grand groupe pour la discussion.

Le gestionnaire peut également présenter ses propres observations relatives à son style de gestion et demander les réactions de ses collaborateurs. Dans ce cas, le gestionnaire procède d'abord à son auto-évaluation. Ensuite, il fait une synthèse des principaux points de son auto-évaluation, puis il demande à ses collaborateurs de la commenter. Timm (1980, p. 97) donne l'exemple suivant :

Je pense que je suis ponctuel, je ne manque jamais mes rendez-vous et je ne laisse pas attendre les gens.

Je suis responsable des demandes qui me sont faites.

Je me vois comme quelqu'un qui travaille beaucoup et manifeste de la loyauté à l'égard de l'organisation.

Par contre :

Je crois que je suis un individu plutôt fermé et j'éprouve certaines difficultés à communiquer ; je ne sais pas comment je pourrais améliorer cet aspect.

J'ai tendance à couper les gens dans les réunions et à rejeter rapidement certaines idées qui vont à l'encontre de ce que je pense. Je ne sais pas exactement comment vous réagissez à cela.

Je crois que les gens sont mal à l'aise de venir me parler. Je ne sais ce qui provoque cette réaction, ni comment je peux améliorer cet aspect.

Quelle que soit la modalité utilisée, les gestionnaires ont avantage à mieux connaître les perceptions de leurs collaborateurs concernant leur rôle de gestion. De plus, comme la conduite des gestionnaires est capitale dans l'établissement des normes du groupe, leur attitude à l'égard du feed-back peut avoir des répercussions importantes. Cependant, pour profiter du feed-back, il faut être capable de l'envisager dans le contexte d'une exploration honnête. Recevoir du feed-back de ses collaborateurs est exigeant. Si vous n'êtes pas suffisamment sûr de vous, il vaut mieux attendre avant de demander du feed-back.

Activité 5.3   *Demander du feed-back*

Consigne :   Si le fait de demander du feed-back fait partie de vos pratiques de gestion, vous pouvez ignorer cette activité. Par contre, si vous n'avez jamais osé demander du feed-back à vos collaborateurs, vous pouvez utiliser le questionnaire suivant pour tenter une première expérience. Cependant, si vous demandez du feed-back à l'aide de ce questionnaire, il vous faudra penser à assurer un suivi.

Complètement en désaccord..........................Tout à fait d'accord 1 7	
A. Dans la mesure du possible, je tiens compte de vos suggestions.	
B. Je vous supervise adéquatement.	
C. Je donne du feed-back précis et spécifique.	
D. J'anime efficacement les rencontres.	
E. Vous connaissez mes attentes de façon claire.	
F. Je vous transmets l'information dont vous avez besoin.	
G. J'encourage les initiatives.	
H. Je suis équitable.	
I. Je gère les crises, les conflits et les malentendus.	
J. Les rôles et les responsabilités de chacun sont bien définis.	
K. Je traite tous les membres de mon groupe avec considération.	
L. J'assume les responsabilités qui me reviennent.	
M. Je prends les décisions qui s'imposent.	
N. J'exerce du leadership.	
O. Je suis disponible pour vous écouter.	

6. L'intégration du feed-back critique

Alors que la plupart des gens affirment leur désir d'obtenir du feed-back honnête de ceux qui les entourent, dans les faits, ils font en sorte de ne pas en recevoir. Quand elles reçoivent du feed-back critique, souvent les personnes nient, argumentent ou se justifient. Des expressions telles que : « ce n'est pas ce que je voulais faire... », « je pensais que... », « j'ai fait ça parce que... » sont des tentatives de convaincre la personne qui donne le feed-back qu'elle n'a pas perçu correctement. Cependant, le récepteur d'un feed-back doit admettre que l'observateur, quel qu'il soit, rapporte ce qu'il a perçu comme étant le résultat du comportement du récepteur. Étant donné qu'elles occupent des positions différentes, que les deux personnes aient des points de vue particuliers fait partie de l'ordre des choses.

Le but du feed-back est de donner une autre perspective et, par conséquent, d'augmenter le niveau de conscience. Si le feed-back donne lieu à une argumentation et que l'observateur finit par se taire, c'est le récepteur du feed-back qui est perdant ; il vient de manquer une occasion d'élargir son champ de conscience et de mieux comprendre l'impact de ses comportements.

6.1. Les étapes dans la réception du feed-back critique

Recevoir du feed-back implique de le comprendre correctement, d'en évaluer la pertinence, de l'intégrer et d'y répondre adéquatement.

Écouter attentivement

La première étape dans la réception du feed-back consiste à écouter attentivement le feed-back et à résister à l'impulsion de se justifier ou d'argumenter. Écouter attentivement son interlocuteur quand on reçoit du feed-back critique représente un défi de taille, mais un défi qui peut s'avérer fort intéressant à relever. Comme il a déjà été mentionné, écouter ne signifie nullement partager l'opinion de l'autre, mais indique la volonté de bien comprendre. Si le feed-back paraît non pertinent, il sera toujours temps de l'ignorer ou d'en discuter.

Reconnaître la validité des perceptions et des sentiments exprimés

Si le feed-back critique comporte des réactions personnelles et des perceptions, ce sont des éléments qu'il est inutile de contester. Par exemple, si l'une de vos collaboratrices vous dit que vous ne l'écoutez pas, vous pouvez toujours tenter de lui prouver qu'elle se trompe, mais ce faisant, vous contribuez à valider sa perception. Les perceptions et sentiments exprimés par la personne qui vous donne du feed-back peuvent vous étonner, vous surprendre, mais vous ne pouvez les invalider. Vous n'avez même pas à être en accord ou en désacccord, puisqu'il s'agit d'éléments subjectifs.

Contrôler sa réactivité

Parfois, le feed-back critique provoque des sentiments d'injustice et de colère. C'est alors surtout qu'il convient de rester calme tout en prenant conscience de ces émotions qui nous habitent. Il vaut mieux continuer à écouter quitte à faire le point ultérieurement, sinon, on risque de devenir défensif et de s'engager dans une argumentation sans fin.

L'une des réactions défensives fréquentes à la réception du feed-back est de profiter de l'occasion pour, à son tour, donner un feed-back qu'on a retenu par négligence, par paresse : «Ça tombe bien, je voulais justement te dire que...»

Reformuler les faits objectivement

La reformulation est ici des plus utiles. Par la reformulation, on s'assure qu'on a bien saisi les propos de son interlocuteur. «Tu t'attendais à ce que je t'en parle personnellement avant d'amener ça en réunion.»

Demander des précisions, s'il y a lieu

Le feed-back peut être présenté de façon vague; la clarification met au jour les événements et les gestes concrets qui sont à l'origine du feed-back. Il importe ici d'éviter d'interpréter le feed-back reçu sans s'assurer de la signification qu'il a pour l'autre. Les questions de précision abordées dans le chapitre 4 sont utiles pour faire préciser un feed-back vague ou imprécis. «Tu me dis que j'ai souvent des réactions trop autoritaires, pourrais-tu me donner des exemples?»

Demander du temps pour réfléchir

Dans certains cas, principalement quand le feed-back nous touche émotivement, il est préférable d'attendre avant de réagir. Une réaction immédiate devient souvent une justification ou, s'il y a culpabilité, un engagement précipité et irréfléchi dans des excuses ou des promesses qu'on ne saurait tenir. Attendre avant de faire le point, laisser décanter l'émotion, prendre le temps d'évaluer la pertinence du feed-back reçu permet d'avoir une réaction plus juste et plus réaliste. Le feed-back le plus difficile à intégrer est celui qui ne correspond en aucune façon à l'image de soi. Dans certains cas, il peut être utile de vérifier la perception d'autres personnes.

6.2. Les suites à donner au feed-back critique

Après avoir fait le point sur le feed-back critique reçu, il faut décider des suites à donner en tenant compte de soi, de la situation et de l'autre. Parfois, il est imposssible de changer; dans d'autres occasions, le feed-back reçu peut conduire à certains changements de comportement ou à une manière différente de faire les choses, mais, dans tous les cas, il faut assurer un suivi au feed-back reçu auprès de la personne qui en est à l'origine.

Malgré les écueils et les exigences que cela comporte, recevoir et intégrer le feed-back critique non seulement constitue une expérience des plus valables, mais représente également une condition essentielle à l'amélioration de son efficacité comme gestionnaire.

7. Quand tout a échoué

« C'est bien beau tout ça, mais moi j'ai un collaborateur qui... » Il faut reconnaître ici que certains individus sont pratiquement imperméables à toute forme de feed-back critique. D'une part, on retrouve les personnes qui éprouvent des difficultés psychologiques sérieuses; d'autre part, il y a les collaborateurs indifférents qui ne travaillent que pour gagner leur vie. Ayant établi une cloison étanche entre leur vie professionnelle et leur vie privée, plusieurs d'entre eux s'adonnent, à l'extérieur du travail, à des activités qui les passionnent. Mais leur attitude au travail en est une de retrait, de passivité et d'indifférence à tout, y compris au feed-back.

Quelle que soit la situation, les gestionnaires doivent se garder d'investir trop de temps et d'efforts dans ces cas difficiles qui, généralement, représentent l'exception. S'ils sont trop nombreux dans une équipe, peut-être faudrait-il revoir le style de gestion?

7.1. Composer avec les cas difficiles

Avant de penser à des trucs pour composer avec les personnes difficiles, il faut faire le point sur l'interaction qui s'est développée avec elles.

Quel est, objectivement, l'**impact négatif** du comportement de cette personne?

Certains individus deviennent le bouc émissaire d'un groupe canalisant ainsi toute son hostilité. C'est pourquoi il est important d'analyser l'impact négatif du comportement dérangeant. Il arrive qu'une personne soit l'objet de nombreuses critiques parce qu'elle est marginale dans ses valeurs, son expression verbale, sa tenue vestimentaire, etc., mais son travail est impeccable. Dans cette situation, l'impact négatif devient difficile à cerner. Peut-être vaudrait-il mieux, dans ce cas, analyser les interactions dans l'équipe.

Dans quelle mesure, je désire **changer l'autre**?

Les dimensions liées à la personnalité sont fortement ancrées et difficiles, sinon impossibles, à modifier. Compte tenu de ce fait, les attentes de changement sont-elles réalistes? Ce qui peut d'abord changer, c'est l'**interaction** que vous avez avec ces personnes dites «difficiles» et c'est votre responsabilité. Et, si vous êtes trop impliqué émotivement, cette réactivité émotive constitue une partie du problème.

Quelles sont les **stratégies qui ont déjà échoué**?

Cette question s'appuie sur le fait que souvent les stratégies utilisées pour modifier un comportement contribuent précisément à renforcer ce comportement. Par exemple, tenter de prouver à quelqu'un qui se plaint constamment qu'il n'a pas raison de se plaindre l'incite à prouver qu'il a raison et ce fait l'amène à se plaindre davantage. C'est ce qui fait dire à Watzlawick (1980) que souvent ce sont les solutions inappropriées apportées à une difficulté qui causent un problème apparaissant insurmontable. Et il arrive qu'on augmente l'intensité d'une mesure inefficace, amplifiant ainsi le problème. Parfois, le seul moyen d'atténuer le problème est de diminuer l'intensité des moyens inefficaces déjà mis en place pour le résoudre.

Si après avoir le fait le point, vous continuez à penser qu'une amélioration de l'interaction et non de la personne est possible, certaines stratégies interactives peuvent parfois s'avérer efficaces.

7.2. Quelques *stratégies* parfois *efficaces*

Les individus agressifs, manipulateurs, renfermés ou négatifs occasionnent beaucoup de stress dans la position de gestion. L'énergie investie à composer avec ces personnes est souvent fort importante. Pour sortir de l'impasse relationnelle, deux types de stratégies sont possibles: les stratégies logiques et les interventions paradoxales.

7.2.1. Les stratégies logiques

De façon générale, les stratégies logiques ou de bon sens consistent à adopter l'attitude complémentaire dans l'interaction: rester calme devant l'explosion de colère, méfiant et silencieux face aux tentatives de manipulation, actif en réaction à la passivité et encourageant envers les personnes négatives.

Les individus agressifs

Souvent impulsifs, les individus agressifs rendent l'interaction difficile. Adopter une position complémentaire est parfois efficace, ce qui veut dire rester extêmement calme, parler lentement et très bas. Si on est en mesure de le faire, reformuler avec justesse et précision à la fois leur sentiment et la raison de leur colère peut les apaiser. Dans certains cas, il faut refuser de poursuivre l'entretien et leur demander de revenir plus tard. Dans tous les cas, il ne sert à rien de discuter et d'argumenter avec quelqu'un qui est en colère.

Les individus manipulateurs

Les individus manipulateurs ne se repèrent pas dès le début précisément à cause de leur facilité à manipuler. Mais une fois que vous avez compris leur jeu, il vous reste à éviter de jouer le rôle qu'ils vous destinent. Pour ce faire, vous devez adopter un style direct et préciser brièvement et clairement vos attentes et vos limites, surtout éviter l'argumentation, car ils sont à l'affût du moindre indice qui pourrait être utilisé en leur faveur. C'est pourquoi il est préférable de parler le moins possible avec des individus manipulateurs. Il vous sera plus utile d'observer le processus et de chercher à déceler ce qu'ils veulent obtenir.

Les individus passifs

Les individus passifs, renfermés et silencieux, même s'ils accomplissent bien leur tâche, irritent souvent les gestionnaires. Certains interprètent leur comportement comme de la méfiance à leur égard. Pour composer avec ces individus, il faut être disposé à prendre le temps de les encourager, les soutenir et les écouter. Exprimer vos sentiments devant leur attitude peut les inciter à vous parler. Certains d'entre eux préféreront donner leur opinion par écrit.

Les individus négatifs

Les individus négatifs, maussades, râleurs, jamais contents semblent le cauchemar de plusieurs gestionnaires. Tenter de les changer est peine perdue. Le défi consiste à ne pas se laisser atteindre par leur négativisme; c'est d'abord un travail sur soi qui s'impose. Une fois moins réactif, il est possible d'entendre leurs critiques et de les reformuler sur un ton neutre, puis de leur demander des suggestions. Si on craint que l'expression de leur négativisme ait un impact néfaste sur l'équipe de travail, il est possible d'exiger d'eux qu'ils n'expriment leur mécontentement qu'en présence du seul gestionnaire ou par écrit.

7.2.2. Les interventions paradoxales

Il arrive que les stratégies logiques évoquées précédemment, non seulement ne réussissent pas, mais semblent de surcroît augmenter les comportements qui dérangent. Il ne sert à rien de continuer à appliquer une solution inefficace. Dans ces circonstances, il peut être utile de faire appel à la créativité dans une intervention paradoxale désignée ainsi en référence aux travaux de l'école de Palo Alto. Comme le précise Layole (1984, p. 102), «la démarche paradoxale [...] n'agit pas directement dans le sens du changement souhaité, mais par étapes successivement contradictoires».

L'application d'une technique paradoxale exige un certain détachement émotif; si le comportement de l'autre vous fait réagir de façon très émotive, il vous est impossible d'avoir recours à l'approche paradoxale. Deux techniques se révèlent parfois d'une efficacité étonnante : la connotation positive et l'inversion du jeu relationnel.

La connotation positive

La connotation positive est une forme de recadrage où certains comportements considérés négatifs sont réinterprétés dans un contexte qui leur donne une dimension positive. Par exemple, les comportements des individus qui voient toujours des objections peuvent être interprétés comme le phare du groupe. Le comportement de celle qui parle trop dans un groupe peut être nommé comme une stratégie visant à obliger les autres à devenir plus affirmatifs. Souvent, le fait de recadrer positivement un comportement dérangeant déséquilibre le système d'interactions et ouvre la voie à des changements.

L'inversion du jeu relationnel

Qu'il s'agisse d'interactions symétriques ou complémentaires, quand vous vous trouvez enfermé dans un cercle répétitif, la seule possibilité qui s'offre à vous est de changer votre propre position dans l'interaction. Par exemple, l'un de vos collaborateurs vous apporte continuellement des objections aux projets que vous soumettez. Jusqu'ici, vous avez tenté de prévoir ses objections afin de les contrer, mais sans succès. Inverser le jeu relationnel consisterait à présenter simplement votre idée et demander à ce collaborateur de vous rendre service en relevant des limites à ce projet. Par exemple, plutôt que prendre l'attitude complémentaire d'encouragement avec celui qui se plaint, vous pouvez inverser le jeu relationnel : non seulement vous reconnaissez ses motifs de plainte, mais vous pouvez en rajouter, ce qui pourrait l'amener peut-être à vous encourager.

De même un gestionnaire ayant à interagir avec un individu agressif a pris jusqu'ici le rôle complémentaire en gardant son calme. Rien n'y fait, au contraire il semble que cela augmente les comportements agressifs. Alors, inverser le jeu relationnel consisterait, dans ce cas, à passer de la complémentarité à la symétrie en devenant encore plus agressif. L'autre, devenu soudainement calme, vous dira problablement : « Ne vous fâchez pas, je voulais seulement vous dire que... »

Ces techniques, centrées non pas sur le processus interactif, mais sur les résultats, sont manipulatrices et directives ; leur efficacité repose donc sur la crédibilité de la personne qui les applique (Layole, 1984). De plus, les techniques paradoxales sont toujours à inventer; répéter une intervention paradoxale n'a pas de sens, car on revient à un modèle d'interaction figé et répétitif tout aussi insatisfaisant. Les techniques paradoxales font appel à la créativité, au goût du jeu, à l'ingéniosité et, paradoxalement, elles demandent une certaine humilité. Le recours aux techniques paradoxales s'avère nécessaire quand tous les autres moyens rationnels ont échoué. Ce n'est qu'après avoir eu une attitude d'écoute clairement manifestée par la reformulation, avoir questionné avec habileté et donné du feed-back spécifique et pertinent qu'il est justifié de penser à des moyens différents.

PARTIE 3

LA MANIÈRE DE COMMUNIQUER

6

Le style personnel de communication

Les trois habiletés de communication que sont l'écoute, le questionnement et le feed-back constituent une exigence fondamentale à la qualité des rapports interpersonnels dans l'organisation. Cependant, le développement de ces habiletés est tributaire du style personnel de communication. Certaines personnes, dont le rythme d'interaction est rapide, éprouvent des difficultés à prendre le temps d'écouter avec rigueur et précision. D'autres, accordant une place prépondérante à l'harmonie, hésitent à donner du feed-back critique. La connaissance des styles personnels de communication représente donc un support utile au développement des habiletés de communication.

1. Le style personnel de communication: le soi public

Tous les individus possèdent des répertoires de comportements dont certains sont activés en fonction de l'interaction entre la situation et le système cognitif individuel (Wheeless et Lashbrook, 1987). Le style personnel de communication désigne la combinaison de traits qui sont activés dans des situations sociales où des possibilités d'alternatives sont présentes.

Selon Norton (1983, p. 19), le style personnel de communication correspond à « la manière dont une personne interagit non seulement au plan du discours mais également aux plans paraverbal et non verbal donnant ainsi, volontairement ou involontairement des indications sur la manière dont le message littéral sera entendu, filtré, interprété et compris ».

De ce fait, les composantes paraverbales et non verbales de la communication occupent une place majeure dans le style personnel de communication. Les composantes paraverbales désignent le ton, la hauteur (aiguë ou grave), l'amplitude de la voix, le timbre (rauque ou clair), l'intensité (forte ou faible), les intonations, le rythme et le débit de la parole.

Quant aux comportements non verbaux, ils comprennent l'expression faciale, le contact visuel, la posture, les gestes, la distance, etc. La signification des comportements non verbaux est modulée par le contexte, la culture et l'histoire de la relation entre les partenaires. Un geste pris isolément a peu de sens ; l'interprétation des indices paraverbaux et non verbaux ne peut être que globale et contextuelle. Un même comportement non verbal peut véhiculer plusieurs significations. Ainsi, l'évitement du contact visuel peut exprimer l'hostilité, le désintérêt ou la timidité. De même, le contact visuel direct peut indiquer la domination, l'intérêt réel ou simulé, ou l'empathie. C'est pourquoi une connaissance approfondie de l'autre nous permet de décoder avec beaucoup plus de justesse ses comportements non verbaux.

Le style personnel de communication correspond au « soi public » (Merrill et Reid, 1982, p. 7). Le style personnel de communication ne décrit pas la manière dont une personne agit quand elle est seule, quand elle lit ou écoute de la musique. C'est l'ensemble des modèles d'interaction utilisés en présence d'autrui. Ce soi public peut être indépendant de ce que vous connaissez de vous-même, de ce que vous désirez laisser paraître et de ce que vous pensez être la perception d'autrui. Par exemple, Alain s'exprime sur un ton doux, fait peu de gestes et formule ses interventions de façon très nuancée ; mais il croit ou désire avoir un ton agressif et craint d'intimider les gens.

Le style personnel de communication ne traduit pas nécessairement les réactions intérieures, ni le soi caché. Ainsi, Francine réagit intérieurement très fortement à l'intervention d'un de ses collègues, mais sa réaction n'est pas perceptible. Roger est très touché par ce qui arrive à l'un de ses collaborateurs, mais il continue à se centrer sur la tâche. Tous les deux sont affectés par ces événements mais rien n'y paraît. Et les gens autour d'eux, à moins de les connaître intimement, vont réagir à ce qu'ils ont perçu et non à ce qui a été vécu.

Les autres ne réagissent pas à vos intentions, mais à ce qu'ils croient être vos intentions; ces intentions qui vous sont attribuées peuvent s'avérer très différentes de ce que vous pouvez imaginer. De la même manière, les gens ne réagissent pas à vos émotions mais à l'expression de vos émotions. Le style personnel de communication correspond à la manière dont on se rend visible pour autrui.

Le style personnel de communication d'une personne lui est assigné par les autres à partir de leurs observations des comportements manifestés dans un certain nombre de situations. Les personnes qui interagissent avec un individu donné ont tendance à s'entendre implicitement pour lui attribuer un style personnel de communication. Le style personnel de communication d'un individu est, par conséquent, le résultat d'une forme de consensus entre les observateurs au sujet de sa manière d'interagir avec eux (Wheeless et Lashbrook, 1987). Le style personnel de communication correspond à une perception stéréotypée se distinguant ainsi de la personnalité et de l'individualité de chacun.

Lié de près à la personnalité, le style personnel de communication n'en épuise ni toute la richesse, ni toute la complexité. Les dimensions inconscientes, notamment, ne sont pas prises en compte. De plus, le style personnel de communication n'est pas expressif des rêves, des ambitions, des motivations, des sentiments, des croyances, des craintes et des espoirs. Ces dimensions personnelles sont inférées des comportements et ces inférences sont souvent incorrectes. Plusieurs incompréhensions proviennent de cette habitude de deviner les facteurs internes à partir des comportements.

Par ailleurs, l'éternel débat cherchant à distinguer le vrai soi des apparences apporte peu à la compréhension de l'interaction. L'attitude et la conduite de chacun étant liées aux circonstances vécues actuelles ou passées, il est quasi impossible de déterminer si telle réflexion ou telle réaction exprime bien la nature profonde de l'individu; surtout que certaines personnes font tout pour paraître différentes de ce qu'elles sont. Quoi qu'il en soit, les gens

tions, non à vos motivations et pensées les plus secrètes. Bien que chaque personne soit unique, la plupart du temps, nous n'avons pas accès à cette richesse ; ce que nous voyons, c'est « une manière stéréotypée de réagir en situation d'interaction » (Merrill et Reid, 1982, p. 41). On peut déplorer la réduction ainsi opérée mais, en même temps, aborder chaque personne, à chaque moment, avec un regard neuf et attentif aux moindres nuances est, dans le cours de l'existence, presque hors de question.

2. Les composantes du style personnel de communication

L'étude, désormais classique, de C.G. Jung[1] (1950) a donné lieu depuis à la formulation de nombreuses typologies.

La typologie retenue est celle qui a été élaborée par Merrill et Reid (1981) en raison, d'une part, de son utilité pragmatique et, d'autre part, de la validité des composantes servant à définir les styles. Les auteurs fondent leur typologie sur deux dimensions: la dominance et la réactivité affective, comme illustré dans la figure 6.1.

Figure 6.1

Les deux dimensions du style personnel de communication

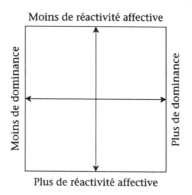

1. C.G. Jung (1875-1961) a consacré de nombreuses années à l'étude des types psychologiques. Le résultat de son travail de recherche, *Psychologische Typen*, paraît, pour la première fois, en 1920. L'auteur fonde sa typologie sur l'existence de quatre fonctions: la sensation, le sentiment, la pensée et l'intuition.

2.1. La dominance

La dominance désigne, selon Norton (1978, 1983) et Richmond et McCrosky (1985), la tendance telle que perçue par les autres à influencer ou contrôler les pensées et les actions d'autrui; cette tendance se manifeste dans des comportements qui relèvent davantage de l'affirmation de soi que de la demande ou de l'écoute. Selon Thompson et Klopf (1991, p. 65), la dominance réfère «à l'habileté d'un individu à faire des demandes; à manifester activement son désaccord; à exprimer ses droits personnels et ses sentiments; à engager, maintenir ou terminer une conversation; à défendre des positions sans attaquer les autres».

La dominance peut être vue comme n'importe quelle stratégie visant à diminuer le rôle de l'autre dans un échange. La personne dominante est celle qui tend à prendre le contrôle dans les interactions sociales. Dans ce contexte, le contrôle est défini opérationnellement par des comportements tels que le temps de parole, la fréquence de prise de parole, le contrôle de l'espace, l'intensité du discours et le chevauchement dans l'échange (Montgomery et Norton, 1981).

Comme il est possible de l'observer, certaines personnes prennent l'initiative de l'interaction et affirment leurs points de vue avec assurance. À l'opposé, d'autres occupent davantage la position d'observateur, demandent des précisions, des explications et font des affirmations plus nuancées. Ces personnes sont vues comme des gens qui n'expriment leurs idées et leurs opinions que si la situation l'exige.

Il s'agit bien de la manière de tenter d'influencer ou de contrôler, et non des résultats de ces tentatives. Dans un contexte donné, quelqu'un de très affirmatif peut perdre toute crédibilité et exercer finalement peu d'influence par rapport aux décisions prises. Parallèlement, il ne faudrait pas conclure que les personnes moins dominantes n'exercent pas d'influence. Elles l'exercent de manière différente, prenant le temps et les moyens nécessaires pour arriver à leurs fins.

De même, le comportement de dominance ne permet pas d'inférer avec justesse les motivations et les convictions intérieures. Quelqu'un de très affirmatif peut défendre avec force une idée qui lui importe peu. À l'inverse, une personne moins affirmative peut présenter une opinion ou une idée qui lui tient à cœur sur un ton neutre et détaché.

La dominance réfère donc à la manière dont un individu tente d'influencer ou de contrôler l'interaction et son résultat.

2.2.   La réactivité affective

La deuxième dimension du style personnel de communication est la réactivité affective. La réactivité affective désigne, d'une part, la facilité à exprimer ouvertement des réactions émotives et, d'autre part, l'habileté à entrer en résonance avec les émotions des autres (Bolton et Bolton, 1984).

Certains auteurs, dont Richmond et McCroskey (1985), ont décrit cette dimension comme l'habileté à se **montrer** sensible aux autres, à leurs espoirs et à leurs craintes. Les individus qui manifestent beaucoup de réactivité affective sont des personnes qui paraissent soucieuses des autres et qui sont capables de rendre les autres confortables dans l'échange.

Il n'est pas sans intérêt de rappeler qu'il s'agit de style de communication et non du moi profond; car l'expression «réactivité affective» s'applique au soi public et non à la sensibilité personnelle. Ainsi, rien n'autorise à croire que les personnes plus réactives affectivement sont plus aimantes ou plus profondément sensibles à autrui; elles manifestent davantage leurs réactions émotives.

La combinaison de ces deux dimensions donnent quatre styles personnels de communication: analytique, directif, aimable et expressif (voir figure 6.2). Dans l'ensemble de la population américaine, il semble que les quatre styles soient statistiquement répartis également (Bolton et Bolton, 1984).

Figure 6.2
Les quatre styles personnels de communication

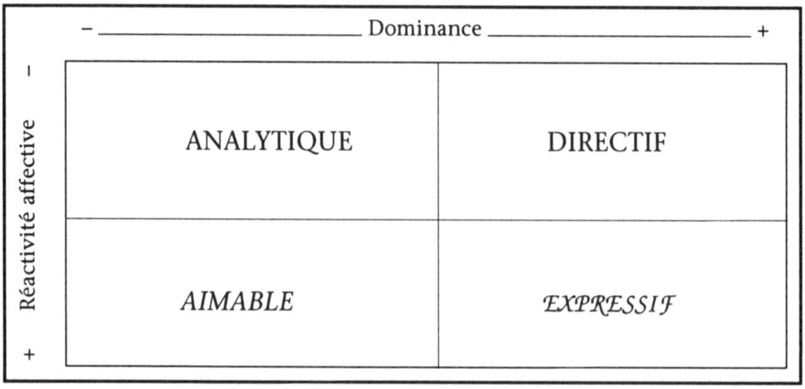

Source: Traduit et adapté de MERRIL, D.W. et REID, R.H. (1982). *Personal Styles and Effective Performance*, Radnor, Pennsylvanie, Chilton, p. 67.

Les deux styles, directif et expressif, situés dans la partie droite de la figure, exercent de l'influence de façon plus directe; ils sont perçus comme étant plus affirmatifs ou plus dominants que les deux styles se trouvant dans la partie gauche même.

Selon l'axe horizontal, correspondant à la réactivité affective, les deux styles, aimable et expressif, manifestent davantage de réactivité affective que l'analytique et le directif.

3. La description des styles personnels de communication

La description de chacun des styles personnels de communication représente l'extrémité du continuum; dès lors, les descriptions paraissent quelque peu caricaturales. Toutefois, elles n'en donnent pas moins les tendances de chacun des styles.

3.1. Le style analytique

ANALYTIQUE	DIRECTIF
AIMABLE	EXPRESSIF

Le style analytique combine un faible degré de dominance et peu de réactivité affective. Dans ses interactions, l'individu au style analytique communique selon un mode systématique, logique, non émotif, et déteste le coq-à-l'âne. Les échanges d'opinions, de perceptions ou de sentiments lui paraissent des pertes de temps. La patience et la prudence rythment le déroulement de toutes ses interactions. Ces individus sont généralement perçus comme des personnes sérieuses, pertinentes, objectives et dignes de confiance, mais aussi froides, distantes et impersonnelles.

3.1.1. Le comportement verbal

Le discours de l'analytique est structuré logiquement autour d'idées principales, d'idées secondaires, de sous-idées et de notes en bas de pages. Il porte essentiellement sur les aspects impersonnels d'une situation. Pour adhérer à une opinion, les individus de ce style ont besoin de preuves irréfutables et demeurent sceptiques devant des projets dépourvus d'arguments solides et rationnels. Devant une insuffisance d'information, l'analytique ne se prononce pas.

Les interventions d'une personne analytique sont relativement longues. Dans ses échanges, elle introduit des pauses de
réflexion, à moins qu'elle n'ait déjà abondamment réfléchi au
sujet. Interrompue, elle reprend son argumentation là où elle
l'avait laissée.

L'individu au style analytique possède un vocabulaire relativement riche. Il utilise volontiers des termes comme: logique,
pertinent, prévoir les conséquences. Ses thèmes favoris sont les
faits et les données quantifiées, les politiques et procédures, les
systèmes et l'organisation, la planification et la prévision, l'analyse et le contrôle.

3.1.2. Le comportement paraverbal et non verbal

Les indices paraverbaux de l'analytique donnent une impression
générale de contrôle. Son débit verbal est plutôt modéré, son
rythme égal. L'articulation est claire et le ton de la voix présente
peu de variations. Son expression faciale est contrôlée et ses
contacts visuels indirects. Mimiques, gestes et contacts physiques
sont réduits et l'espace personnel est bien protégé.

3.1.3. L'orientation temporelle et cognitive

Pour l'individu au style analytique, le temps est envisagé selon
trois dimensions: les leçons du passé, les faits présents et la
planification du futur. Cette personne accepte difficilement d'être
bousculée en fonction du temps. Dans son cadre de référence,
l'objectivité existe indépendamment des perceptions individuelles. Les différences de perceptions sont des erreurs et elles
sont inutiles. La connaissance découle du processus de recherche
classique. Les valeurs existent de façon universelle; l'intégrité
personnelle correspond à l'adhésion à ces valeurs indépendamment de la situation et du contexte (Maruyama, 1992).

Le traitement de l'information par l'individu au style analytique s'articule autour de la standardisation, de la mesure et de
l'objectivité; la coordination, la prévision et le contrôle sont
importants. Cette perspective objective l'oriente vers la recherche
empirique ou l'analyse systématique des facteurs externes pertinents. Les orientations à long terme et comportant peu d'incertitude sont privilégiées par ce style. Dans la prise de décision, l'analytique prend beaucoup de temps à recueillir et
analyser systématiquement les faits, espérant ainsi trouver la

bonne réponse ou la solution optimale. Valorisant la logique, la sécurité, l'ordre, la standardisation et le maintien du statu quo, les personnes de ce style accordent beaucoup d'importance à la ponctualité et au respect de la planification.

3.1.4. L'organisation du travail

L'organisation bureaucratique est la forme qui convient le mieux à l'analytique; la sécurité d'emploi constitue, à ses yeux, un atout précieux. Il est à l'aise dans les grandes entreprises où l'accent est mis sur la mesure, la documentation et la gestion de l'information. Les rôles sont bien définis et on s'attend à ce que les gens suivent les procédures et les règles établies, ce qui lui convient bien (Quinn, 1989).

3.1.5. Les rôles de gestion

Les rôles de gestion privilégiés par l'analytique sont ceux de superviseur et de coordonnateur. Dans le rôle de supervision, savoir ce qui se passe sur son unité, veiller à ce que les quotas soient atteints, connaître tous les faits et les détails et mener des analyses quantitatives, voilà ce qui suscite son intérêt. Les comportements attendus dans ce rôle incluent le traitement de l'information de routine, les vérifications, la préparation d'analyses et de rapports.

Dans le rôle de coordination, le maintien de la structure et le fonctionnement du système sont de première importance à ses yeux. Sa fiabilité et sa crédibilité sont essentielles. Les comportements attendus dans ce rôle consistent à planifier, organiser, coordonner le travail des collaborateurs, gérer les crises, résoudre les problèmes technologiques, logistiques et de maintien (Quinn, 1989).

Selon l'auteur, lorsque les caractéristiques du style analytique sont poussées trop loin, le département ou le service ressemble à une bureaucratie gelée. Trop de préoccupations concernent les processus mêmes de gestion. Le fonctionnement du groupe ou de l'organisation s'atrophie sous le poids des mesures excessives et de la multiplication de la paperasse. Les contrôles, les vérifications, les analyses se transforment en procédures stériles marquées de rigueur triviale. Tout est selon le livre. L'accent mis sur la stabilité, le contrôle et la continuité conduit à la perpétuation des habitudes et des traditions : « On a toujours fait comme ça. » Il n'y est laissé aucune place à la nouveauté.

3.2. Le style directif

ANALYTIQUE	**DIRECTIF**
AIMABLE	EXPRESSIF

Le style directif combine un haut degré de dominance et peu de réactivité affective. Dans ses interactions, l'individu de style directif communique selon un mode pragmatique, centré sur l'action et les résultats avec détermination et assurance. Les discussions abstraites sont considérées comme des pertes de temps. Il donne l'impression de savoir ce qu'il veut et de connaître le meilleur chemin pour atteindre son objectif. Les individus de ce style sont généralement perçus comme des personnes pratiques, efficaces, énergiques, rapides et décidées mais aussi impatientes, dures et autoritaires.

3.2.1. Le comportement verbal

Le discours de la personne qui a un style directif est centré sur les faits, les résultats à atteindre, les solutions aux problèmes. Il porte essentiellement sur les faits plutôt que sur l'élaboration d'hypothèses ou l'analyse des relations entre les éléments d'une situation. Ce type de discours est convaincant. Les individus ayant ce style de communication font valoir leur point de vue avec force à l'aide de facteurs de réalité. Ils font des affirmations catégoriques et évoquent rarement leurs hésitations ou leurs ambivalences, s'ils en ont. Ils attendent des réponses brèves et précises à leurs questions.

Les interventions d'une personne ayant un style directif sont concises. Elles présentent les conclusions sans s'attarder au processus et comportent parfois des affirmations à l'emporte-pièce. Difficile à interrompre, son impatience devient manifeste quand la discussion s'allonge. Son orientation vers l'efficacité, l'amène à simplifier les sujets complexes et à présenter son point de vue comme étant celui du bon sens. Les échanges *ad hoc* sur un sujet précis lui conviennent mieux que les réunions formelles.

L'individu au style directif utilise volontiers des mots et des expressions comme : « c'est le bon sens », « à quoi cela sert-il ? » « il faut avoir les pieds sur terre», «c'est simple, pourquoi compliquer les choses?» Ses thèmes favoris sont les objectifs et les résultats, la performance et la productivité, l'efficience, les décisions et les réalisations.

3.2.2. Le comportement paraverbal et non verbal

Les indices paraverbaux correspondant au style directif donnent une impression générale d'énergie, de vitalité et de confiance en soi. Le débit verbal est rapide et intense, le ton de voix plutôt élevé présente des intonations variées. Lors de la prise de parole, le contact visuel est direct, les expressions faciales renforcent le discours, des mouvements et des gestes rapides et saccadés accompagnent l'expression verbale. Dans une position d'écoute, l'expression non verbale est réduite.

3.2.3. L'orientation temporelle et cognitive

Pour l'individu de style directif, c'est le présent qui compte; ressasser le passé ne l'intéresse pas plus que d'essayer d'imaginer l'avenir. Pour cette personne, l'objectivité est dans les faits concrets et la connaissance est utile pourvu qu'elle puisse être appliquée à des problématiques spécifiques. Les valeurs sont des choix personnels et l'intégrité personnelle consiste à adhérer à son propre système de valeurs indépendamment de ce qu'en pensent ou disent les autres (Mayurama, 1992).

Le traitement de l'information par l'individu au style directif est rapide et s'articule autour des buts, des objectifs et de l'efficacité; la clarification des rôles et des résultats attendus devient importante. Cette perspective très fonctionnelle et instrumentale l'amène à entreprendre des actions et à diriger des opérations. Les orientations à court terme sont privilégiées par ce style. Les décisions sont prises rapidement au regard d'une perspective précise, et une fois que cela est fait, il n'y a plus d'hésitations. Concrètement, des procédures simplifiées et l'atteinte rapide des résultats ont beaucoup d'importance à ses yeux.

3.2.4. L'organisation du travail

Le modèle de la firme est la forme d'organisation qui convient le mieux au directif. Lancer des projets, créer une entreprise, négocier, concilier et concrétiser des idées, voilà ce qui suscite son intérêt. Selon les personnes caractérisées par ce style de communication, la clarification des objectifs est essentielle à une action productive. Les tâches sont clarifiées, les objectifs établis et l'action prise. Les collaborateurs savent ce qui est attendu d'eux et sont récompensés en conséquence (Quinn, 1989).

3.2.5. Les rôles de gestion

Les rôles de gestion privilégiés par l'individu au style directif sont reliés à la direction et à la production. Dans le rôle de direction, clarifier les attentes par des processus tels que le planning et l'établissement des objectifs devient central. L'exercice de ce rôle l'amène à définir les mandats, choisir parmi les options, établir des objectifs, définir les contributions et les tâches, établir des règles et des procédures simples, évaluer les performances et donner des instructions.

Dans le rôle lié à la production, les personnes au style directif, orientées vers la tâche, acceptent les responsabilités de leurs fonctions et font ce qui doit être fait pour maintenir un niveau élevé de productivité. Les comportements attendus dans ce rôle consistent à motiver les collaborateurs à augmenter le rendement et leur efficacité pour réaliser les objectifs établis (Quinn, 1989).

Selon l'auteur, lorsque les caractéristiques du style directif sont poussées trop loin, les incitations à augmenter la productivité et l'efficacité exigent des efforts constants de la part des collaborateurs et créent un climat affolant. Ces exigences produisent une fatigue immense et engendrent beaucoup de stress professionnel. Les préoccupations pour la clarification des objectifs, l'exercice de l'autorité et la décision se transforment en régulation stricte et dogme aveugle. Il n'y a plus de place pour les différences individuelles; le gestionnaire a toujours le dernier mot.

3.3. Le style aimable

ANALYTIQUE	DIRECTIF
AIMABLE	EXPRESSIF

Le style aimable combine un haut degré de réactivité affective et peu de dominance. Dans ses interactions, l'individu au style aimable communique selon un mode spontané, chaleureux, sensible, empathique et perspicace. Sa grande préoccupation pour l'harmonie dans l'interaction l'amène à éviter autant que possible les conflits. Les individus au style aimable sont généralement perçus par les autres comme des personnes compréhensives, de bonne volonté, souples, capables de considération pour autrui mais aussi influençables, ayant peu d'assurance et parfois hésitantes.

3.3.1. Le comportement verbal

Le discours de l'aimable est modulé en fonction de l'interlocuteur et du sujet abordé. Il soutient l'expression des autres par des encouragements verbaux et non verbaux. Percevant bien les humeurs, les sentiments et les réactions d'autrui, l'individu ayant ce style de communication écoute avec patience et évite les affirmations absolues. Il parvient à ses buts sans susciter d'agressivité et est habile quand il s'agit de négocier ou d'intervenir dans une conciliation. L'aimable se demande souvent ce qui motive les gens. Son implication personnelle est liée à son évaluation de la pertinence de la cause. Estimer la personne qui lui fait des demandes est une condition de son enthousiasme à y répondre.

Les interventions d'une personne au style aimable sont faites avec tact. Elles sont émaillées d'expériences et d'exemples personnels. Son orientation vers les personnes l'amène à prendre en considération les positions et les réactions des autres. Dès lors, les discussions strictement objectives et rationnelles sans référence aux valeurs et aux personnes en cause lui paraissent dénuées d'intérêt.

L'individu au style aimable utilise volontiers des expressions telles que: «finalement, on dit la même chose», «peut-être que», «pour ma part, je suis porté à penser que...». Ses thèmes favoris sont les besoins et les motivations, l'esprit d'équipe et le travail d'équipe, les sentiments et les croyances, les valeurs et le développement personnel, les émotions et les relations interpersonnelles.

3.3.2. Le comportement paraverbal et non verbal

Les indices paraverbaux correspondant au style aimable donnent une impression générale de calme et d'une certaine douceur. Le débit verbal varie selon les sujets abordés, le ton de voix est plutôt bas et comporte des inflexions vocales modérées. Lors de la prise de parole, le contact visuel est direct, les expressions faciales sont agréables et souvent accompagnées de sourires. Les gestes sont harmonieux, bien que limités. Dans une position d'écoute, la personne ayant ce style aura une expression non verbale attentive et accueillante.

3.3.3. L'orientation temporelle et cognitive

Pour l'individu au style aimable, c'est d'abord le présent qui compte; mais le recours au passé lui sert pour tenter de comprendre les agissements des collaborateurs. Pour cette personne, l'objectivité équivaut au consensus intersubjectif et les différences de perceptions doivent être prises en compte; la connaissance résulte de l'intégration de points de vue différents; les valeurs sont contextuelles; l'intégrité personnelle se manifeste dans des comportements et des opinions qui reflètent la situation sociale et le contexte (Mayurama, 1992).

Le traitement de l'information par l'individu au style aimable s'articule autour de l'appartenance, du travail en équipe et de l'affiliation. Les cas individuels sont plus importants que la règle; dès lors, les exceptions individuelles et les événements spontanés sont acceptés avec une grande tolérance. Cette perspective intersubjective l'oriente vers la mise en place de la collaboration et de l'interdépendance. Les orientations à long terme et comportant peu d'incertitude sont privilégiées par ce style. Dans la prise de décision, l'aimable, possédant plusieurs points de vue, prend le temps de connaître les diverses opinions et recherche des solutions qui intègrent les positions différentes. Concrètement, l'harmonie et la considération des individus ont beaucoup d'importance à ses yeux.

3.3.4. L'organisation du travail

L'équipe est la modalité d'organisation du travail qui convient le mieux à l'aimable; le travail d'équipe est sa spécialité. Dans cette forme d'organisation du travail, l'accent est mis sur les ressources humaines, le développement de l'esprit d'équipe et l'implication de chacun. Le partage de l'information et la participation des collaborateurs aux décisions sont essentiels. Les collaborateurs ne sont pas vus comme des individus isolés mais comme des membres qui coopèrent dans un système social avec une préoccupation commune pour ce qui se passe.

3.3.5. Les rôles de gestion

Les rôles de gestion privilégiés par l'individu au style aimable sont ceux de facilitateur et de mentor. Dans le rôle de facilitation, encourager l'effort collectif, susciter la cohésion et le travail d'équipe et gérer les conflits interpersonnels, voilà ce qui suscite son intérêt. L'exercice de ce rôle l'amène à développer la cohésion de l'équipe, à favoriser l'établissement d'un bon climat de travail et la résolution de problèmes en groupe.

Dans le rôle de mentor, l'aimable se préoccupe du développement des collaborateurs à travers une attitude de souci de l'autre et d'empathie. L'écoute, le support des requêtes légitimes, la mise à profit des ressources et la reconnaissance des contributions sont importants à ses yeux. Les comportements attendus dans ce rôle consistent à soutenir le développement d'habiletés ou de compétences, à autoriser de la formation, à fournir des opportunités de développement et à aider les collaborateurs dans l'élaboration de leur plan de développement personnel (Quinn, 1989).

Selon l'auteur, lorsque les caractéristiques de l'individu au style aimable sont poussées trop loin, le département, le service ou l'entreprise est géré comme un club social. Les critères de relations humaines encouragent le laxisme et la négligence. Les discussions et la participation, bonnes en soi, deviennent alors improductives. L'implication, le climat et le développement humain tournent en extrême permissivité et en individualisme incontrôlé. L'attention accordée aux personnes l'est au détriment de la tâche.

3.4. Le style expressif

ANALYTIQUE	DIRECTIF
AIMABLE	EXPRESSIF

Le style expressif combine un haut degré de dominance ainsi qu'un haut degré de réactivité affective. Dans ses interactions, l'individu au style expressif communique selon un mode imaginatif, enthousiaste, parfois provocant et difficile à suivre. Dans un groupe, sa présence passe rarement inaperçue. Il se laisse imprégner par l'ambiance, prend plaisir à l'interaction et s'implique avec ses opinions et ses émotions. Les individus de ce style sont généralement perçus comme des personnes stimulantes, ouvertes, créatives mais aussi indisciplinées, égocentriques et impulsives.

3.4.1. Le comportement verbal

Le discours de l'expressif est vivant et parfois quelque peu emphatique. Il présente souvent plusieurs idées ou hypothèses générales envisagées selon différents points de vue et comportant peu de détails pratiques. Peu conformistes, les individus de ce style abordent les choses selon un point de vue original.

Les interventions d'une personne de style expressif, adaptées à l'auditoire et truffées d'analogies et de métaphores, captent facilement l'attention, sinon l'adhésion. Son orientation vers le changement l'amène à se montrer critique devant les affirmations qui favorisent le statu quo.

L'individu de style expressif utilise volontiers des mots et des expressions qui suggèrent les idées suivantes : «on pourrait aussi voir ça comme...», «il y a sûrement une autre façon d'aborder cette problématique». Ses thèmes favoris sont l'innovation et le changement, les nouvelles manières de faire les choses, la créativité et les possibilités, les alternatives ou les options, les concepts et les grands designs.

3.4.2. Le comportement paraverbal et non verbal

Les indices paraverbaux du style expressif donnent une impression générale de mobilité, d'intensité et de mouvement. Le débit verbal est rapide et animé, il présente plusieurs inflexions vocales : le ton de l'expressif n'est jamais neutre. Lors de la prise de parole, le contact visuel est direct, les expressions faciales variées et intenses, les gestes amples et nombreux. Quand il est silencieux, l'expressif semble être dans un autre monde. Son espace personnel peut être envahissant.

3.4.3. L'orientation temporelle et cognitive

L'individu au style expressif est orienté vers le futur ; la routine lui pèse plus que tout. Changeant, ce qui était important hier ne le sera peut-être plus demain. Cette personne excelle dans les projets d'envergure qui demandent de la créativité mais semble peu concernée par les détails pratiques d'exécution. Démarrer des projets l'intéresse, mais les terminer présente des difficultés. Comme pour l'aimable, l'objectivité correspond au consensus intersubjectif. La connaissance sert à mettre en évidence de nouveaux rapports entre les éléments. Les valeurs, les besoins et les significations sont redéfinis à la faveur de nouveaux contextes. L'intégrité personnelle consiste à inventer des modèles de comportements interactifs procurant des bénéfices mutuels dans les situations nouvelles (Maruyama, 1991).

Le traitement de l'information par l'individu au style expressif s'articule autour des défis, de la variété et de la stimulation ; les compensations, les récompenses et la reconnaissance sont importantes. Cette perspective l'amène à rechercher les défis et les possibilités d'innovation ; les situations stables l'ennuient. Les orientations à court terme comportant beaucoup d'incertitude sont privilégiées par l'expressif. Les décisions sont prises en considérant plusieurs points de vue. Les personnes de ce style prennent leurs décisions rapidement, mais elles continuent à recueillir de l'information et ajustent leurs décisions en conséquence. Concrètement, l'adaptabilité, la nouveauté et la légitimité externe ont beaucoup d'importance à leurs yeux.

3.4.4. L'organisation du travail

L'adhocratie[1] est la forme d'organisation qui convient le mieux à l'expressif. Favoriser l'adaptabilité et le changement, mettre l'accent sur l'innovation et la créativité, faire des choses qui n'ont jamais été expérimentées auparavant, voilà ce qui suscite son intérêt. La motivation dans l'unité de l'expressif est rarement un problème. Les collaborateurs ne sont pas contrôlés, mais inspirés par les défis à relever ; ils font partie d'une collectivité qui essaie de réaliser quelque chose d'important. Ceux qui réussissent à implanter une nouvelle vision seront reconnus et bénéficieront du soutien nécessaire. L'unité de l'expressif fonctionne à son mieux quand le mandat comporte de l'incertitude et une certaine urgence.

3.4.5. Les rôles de gestion

Les rôles de gestion privilégiés par l'individu au style expressif sont l'innovation et la stratégie. Dans le rôle d'innovation, favoriser l'adaptation et le changement, absorber l'incertitude en investiguant l'environnement externe, identifier les courants à l'œuvre et conceptualiser ou projeter les changements requis devient central. L'exercice de ce rôle l'amène à avoir recours à

---

1. L'adhocratie désigne les organisations qui sont conçues pour être temporaires en vue de répondre à des besoins spécifiques et immédiats. Les équipes de projet fonctionnent selon ce mode.

l'induction, à compter sur ses intuitions et à faire preuve de créativité. Visionnaire, il conçoit les innovations, les présente de façon attrayante et convainc ses collaborateurs qu'elles sont nécessaires et désirables.

Dans le rôle de stratège, les personnes au style expressif excellent à composer avec l'environnement externe. Elles se préoccupent de maintenir une légitimité externe et d'obtenir les ressources disponibles. Les comportements attendus dans ce rôle consistent à établir des alliances avec d'autres instances, à bien représenter l'unité à l'extérieur et à agir comme liaison et porte-parole pour obtenir des ressources (Quinn, 1989).

Selon l'auteur, lorsque les caractéristiques du style expressif sont poussées trop loin, le département, le service ou l'entreprise se trouve dans une situation d'instabilité, sans politiques, ni procédures acceptées de tous. Les décisions sont prises prématurément et des expérimentations désastreuses sont mises en place. La préoccupation majeure devient l'avantage compétitif par le biais de la politicaillerie et de l'opportunisme, sans considération pour la continuité et le contrôle de routine.

La description de chaque style correspond à des positions extrêmes; ces descriptions doivent être vues comme des indicateurs de tendance et non comme des portraits qui pourraient s'appliquer intégralement à une personne réelle. La figure 6.3 présente une description sommaire des quatre styles personnels de communication.

Il vous est sûrement possible, dès maintenant, d'identifier le style personnel de communication que vous attribuent les gens travaillant avec vous. Il importe de rappeler que les individus qui vous entourent n'ont pas tous la sagacité de percevoir et de noter les multiples nuances qui modulent vos attitudes et comportements. La perception interpersonnelle opère sous forme de schémas et de généralisations, et chacun tend à rechercher les éléments qui confirment ses impressions déjà formées et ses représentations. C'est pourquoi il faut prendre garde de confondre la richesse de son monde intérieur avec la représentation que les autres se font de nous.

Figure 6.3
Description sommaire et comparative
des styles personnels de communication

ANALYTIQUE	DIRECTIF
Réaction lente	Réactive rapide
Effort maximal pour organiser	Effort maximal pour contrôler
Centré sur les processus	Centré sur la tâche
Préoccupation minimale pour l'émotivité et les sentiments personnels	Préoccupation minimale pour l'analyse et la réflexion théorique
Cadre de référence historique	Le présent comme cadre de référence
Prudence dans l'action	Action directe
Tendance à éviter l'implication personnelle	Tendance à éviter l'inaction
Besoin de vérité et de pertinence	Besoin de contrôle et de résultats

AIMABLE	EXPRESSIF
Réaction modérée	Réaction vive
Effort maximal pour entrer en relation	Effort maximal pour s'impliquer
Centré sur les personnes	Centré sur l'interaction
Préoccupation minimale pour la logique formelle	Préoccupation minimale pour la routine et la conformité
Le présent comme cadre de référence	Le futur comme cadre de référence
Action de support	Impulsivité dans l'action
Tendance à éviter le conflit	Tendance à éviter l'isolement
Besoin de coopération et d'acceptation	Besoin de stimulation et d'interaction

---

Activité 6.1 Mon style personnel de communication au travail

Consigne : Dans chaque cas, choisissez l'énoncé (a, b, c, d) qui vous décrit le mieux dans le **contexte du travail**. Dans les cas où vous hésitez entre plusieurs options, rappelez-vous que le style personnel de communication correspond à la manière dont les **autres** vous perçoivent et aux inférences qu'ils font concernant vos motivations, vos attitudes, vos intérêts et vos intentions. Encerclez la réponse choisie.

Par exemple, en réponse à la première question, vous pouvez prétendre que vous êtes persuasif (a), diplomate (b), centré sur les résulats (c) et logique (d) : et, c'est sûrement juste. Par contre, une autre personne qui devrait choisir le groupe d'adjectifs vous caractérisant le mieux n'aurait aucune hésitation à dire que c'est a, b, c, ou d.

---

1. Quand je suis à mon meilleur, mon interlocuteur me décrirait comme une personne qui est...
   a. imaginative, stimulante, persuasive.
   b. compréhensive, encourageante, diplomate.
   c. pratique, centrée sur les résultats, efficace.
   d. logique, systématique, précise.

---

2. Quand je dois présenter un projet devant un comité,
   a. je me prépare à présenter mon projet de façon brève et concise.
   b. je me prépare soigneusement, je prépare des documents à l'appui et j'essaie de prévoir les objections.
   c. je me prépare bien, mais je m'inquiète du climat qui va régner dans ce comité.
   d. je me prépare de façon globale parce je sais que je vais trouver les bons mots une fois en situation.

---

3. Je suis le plus convaincant quand...
   a. j'ai assez de temps pour présenter une argumentation solide.
   b. j'ai un objectif concret et réaliste à faire valoir.
   c. j'ai un point de vue original.
   d. j'ai l'estime et le respect de mes interlocuteurs.

---

4. Quand je dois régler un problème, j'ai tendance à...
   a. obtenir suffisamment d'information pour choisir la meilleure solution.
   b. laisser la solution émerger à l'intérieur de moi.
   c. choisir rapidement la solution la plus pratique.
   d. trouver une solution qui me convient et qui est acceptable pour les autres.

---

5. Quand je dois donner du feed-back critique,
   a. je documente mon feed-back avec des données et des faits précis.
   b. je formule mon feed-back de façon à ne pas heurter l'autre.
   c. je trouve une façon originale de présenter mon feed-back.
   d. je dis les choses comme elles sont.

6. Quand je fais une présentation,
   a. je présente tous les points importants dans un ordre logique.
   b. je donne plus ou moins un spectacle afin de capter l'attention.
   c. je mets l'accent sur la compréhension et l'implication des participants.
   d. je vais droit au but.

7. Si on m'attribuait des défauts, on dirait probablement que je suis...
   a. contrôlé et lent.
   b. indiscipliné et excité.
   c. autoritaire et impatient.
   d. trop sensible et trop concerné par les autres.

8. Si j'étais un tableau, les gens me verraient comme...
   a. un déjeuner sur l'herbe.
   b. un jardin impeccable.
   c. une montagne.
   d. un volcan en éruption.

9. Répondre à la question 8 m'a paru...
   a. intéressant.
   b. quelque peu ridicule.
   c. incongru.
   d. intrigant.

10. Dans une discussion,
    a. je tiens compte des idées différentes des miennes.
    b. je défends mon point de vue avec insistance.
    c. j'argumente de façon pertinente.
    d. je présente souvent les choses sous un angle différent.

11. Pour moi, les discussions de fond sont...
    a. souvent une perte de temps (du pelletage de nuages).
    b. intéressantes si on peut vider une question à la fois.
    c. intéressantes si les gens ne se prennent pas trop au sérieux.
    d. riches si les gens cherchent à se comprendre plutôt qu'à demeurer sur leur position.

12. Dans une situation conflictuelle où je suis impliqué personnellement,
    a. je fais ou propose des compromis.
    b. je ne peux prévoir ma réaction.
    c. je trouve une solution au conflit.
    d. j'attends que la poussière retombe.

13. Quand je suis témoin d'une altercation entre deux collaborateurs,
    a. je tente de les amener à se comprendre.
    b. je m'implique personnellement.
    c. je m'abstiens d'intervenir pour éviter d'envenimer la situation.
    d. j'essaie de leur faire entendre raison.

14. Quand je suis impliqué personnellement dans un conflit, mon modèle général de réaction est...
    a. d'amener l'autre à voir le problème tel qu'il est.
    b. d'analyser avec l'autre la situation de différents points de vue.
    c. d'investir beaucoup d'énergie pour trouver un compromis viable.
    d. de laisser le temps faire son œuvre.

15. La dimension interpersonnelle que j'aurais principalement avantage à développer est:
    a. l'écoute.
    b. l'affirmation de soi.
    c. l'expression affective.
    d. le contrôle de mes réactions.

16. Quand j'interagis avec quelqu'un,
    a. je fais peu de gestes.
    b. mes gestes sont plutôt harmonieux.
    c. mes gestes peuvent être saccadés.
    d. mes gestes sont amples et nombreux.

17. Quand quelqu'un m'expose un problème personnel,
    a. je cherche à dédramatiser en envisageant une autre façon de voir les choses.
    b. je cherche une solution.
    c. j'écoute attentivement et je reformule ce que je comprends.
    d. je pose beaucoup de questions afin d'avoir une vision complète de la situation.

18. On me perçoit comme quelqu'un qui...
    a. est souvent imprévisible.
    b. valorise les relations interpersonnelles.
    c. exige la rigueur et la logique.
    d. se montre très compétitif.

19. Dans mes interactions, il m'arrive souvent de déplorer le fait que les gens...
    a. ne sont pas conscients de leurs sentiments.
    b. parlent sans réfléchir.
    c. manquent d'imagination.
    d. parlent pour ne rien dire.

20. Quand je suis stressé ou défensif, je deviens...
    a. émotif.
    b. impulsif.
    c. exagérément contrôlé.
    d. dominateur.

21. Je défends mes idées...
    a. avec tact.
    b. avec des arguments logiques.
    c. avec entrain.
    d. avec force.

22. Quand j'ai une décision à prendre,
    a. je tiens compte des personnes impliquées.
    b. j'opte pour la décision la plus pratique.
    c. j'essaie de prendre la décision la plus éclairée.
    d. je me fie à mon intuition.

23. Quand j'écoute quelqu'un,
    a. j'ai tendance à l'interrompre pour donner mon idée.
    b. j'essaie de bien saisir son point de vue.
    c. je l'écoute en pensant à autre chose.
    d. je lui laisse le temps d'exprimer sa pensée.

24. Quand on me donne du feed-back critique,
    a. je me défends.
    b. j'essaie de comprendre.
    c. je demande des preuves.
    d. je réagis de façon impulsive.

25. J'ai complété ce questionnaire...
    a. en essayant d'analyser mon comportement le plus justement possible.
    b. en m'interrogeant sur sa valeur scientifique.
    c. de façon insouciante.
    d. rapidement sans me poser de questions.

Corrigé p. 249.

CHAPITRE 7

L'interaction entre personnes des quatre styles

Comment s'articulent les rapports entre les personnes ayant différents styles? Avant de répondre à cette question, il faut souligner
que d'autres dimensions interviennent dans les rapports interpersonnels: la confiance, le respect et l'attraction mutuelle. Comme
le remarque Lowell (1982, p. 12), «ce que les gens éprouvent l'un
envers l'autre est problablement le facteur le plus important au
regard du résultat de la communication interpersonnelle».

Nous avons tendance à travailler de façon harmonieuse avec
certaines personnes parce que nous les aimons bien et non à cause
de leur style personnel de communication. Quand il s'agit d'une
personne qui nous est sympathique, nous percevons les aspects
positifs de son style. Et, comme le démontre l'étude de Mathison
(1988), nous sommes portés à croire que les gens qui nous paraissent sympathiques possèdent un style personnel de communication semblable au nôtre ce qui, évidemment, n'est pas le cas.

Cependant, dans les organisations, nous avons à collaborer
avec des personnes avec lesquelles nous avons peu d'affinité, ce
qui nous conduit à percevoir les aspects négatifs de leur style de
communication. Comment interagir avec ces personnes pour en
arriver à un résultat efficace et satisfaisant? La connaissance du

style de communication défensive et de la dynamique interactive entre les différents styles fournissent certains éléments de réponse.

1. Le style personnel de communication défensive

Les styles personnels de communication tels qu'ils ont été décrits précédemment s'appliquent dans des conditions d'interaction relativement confortables. Mais s'il arrive que le contexte de l'interaction, pour diverses raisons, devienne intolérable, l'individu exagère les caractéristiques de son propre style. Le style personnel de communication défensive correspond à l'exagération des tendances observées dans un contexte plus calme (Merrill et Reid[1], 1981). Les comportements exhibés dans le style défensif sont rigides et ne conviennent habituellement pas au contexte de l'interaction.

Le style personnel de communication défensive est un moyen, souvent inefficace socialement, de réduire la tension induite par la menace psychologique ou par le stress. Quand la tension devient trop grande, les efforts déployés visent plutôt la réduction de cette tension que l'atteinte d'un objectif de travail. Le passage au style défensif se fait de façon non consciente. Nous verrons brièvement les tendances défensives de chacun des styles.

Le style analytique

Sous l'effet du stress, la personne au style analytique devient encore plus contrôlée émotivement et de moins en moins affirmative. Elle contrôle encore davantage ses émotions, se montre indécise, inflexible et rigoriste. Dans une discussion, soit elle se tait, soit elle argumente indéfiniment. Sur la défensive, l'analytique est tout à fait incapable de prendre une décision et s'attache aux détails avec une extrême minutie.

Le style directif

La personne au style directif, sous l'effet du stress, devient de plus en plus affirmative et contrôlante jusqu'à employer des méthodes autocratiques. La qualité de la relation disparaît au profit de l'atteinte de son objectif et à sa manière. La personne ayant ce

---

1. Merrill et Reid (1981) nomment cette réaction le recours au «*back up*» style.

style devient brusque, arrogante, compulsive ; elle s'en tient à une vue à court terme, ne fait confiance à personne et exige que les choses se passent comme elle l'entend.

Le style aimable

La personne au style aimable, pour diminuer la tension devenant trop forte, devient moins affirmative et plus émotive, jusqu'à faire des concessions indues afin de préserver la relation. Cette personne peut également utiliser son émotivité pour détourner la tension en parlant de ses émotions ou en manifestant sa mauvaise humeur. Sous la pression, elle devient vindicative, morose ou manipulatrice.

Le style expressif

La personne au style expressif, dans des conditions stressantes, devient à la fois plus affirmative et plus émotive. Sa voix est plus forte, son expression est emphatique et exagérée. Le comportement défensif peut aller jusqu'à l'attaque personnelle visant à discréditer l'autre. Dans ces conditions, il lui arrive de prendre des décisions prématurées, hasardeuses et irréfléchies et de faire preuve d'un optimisme exagéré.

2. La dimension interactive

Dans l'interaction, les personnes ayant des styles personnels de communication différents ont tendance à augmenter leurs différences, ce qui rend l'échange encore plus difficile. Ainsi, devant un analytique, le directif tente d'accélérer le processus, ce qui contribue à ralentir le rythme de l'analytique. Réciproquement, l'analytique, devant l'empressement du directif à passer à l'action, essaie obstinément de parfaire l'analyse de la situation.

De même, l'aimable, qui tente de situer l'échange au plan affectif avec un directif, pousse ce dernier à se centrer encore davantage sur la tâche. Et l'apparente froideur du directif.exacerbe le besoin de chaleur de l'aimable. L'expressif augmente la tonalité émotive de son discours devant le flegme de l'analytique tandis que ce dernier devient encore plus contrôlé. L'expressif peut se montrer ironique en réaction à la bonne volonté de l'aimable, lequel redouble de gentillesse pour atténuer la portée des sarcasmes de l'expressif.

Les relations les plus difficiles sont celles qui interviennent entre les personnes aux styles suivants: Analytique–Expressif, Directif–Aimable et Directif–Expressif. Les styles les plus compatibles sont: Directif–Analytique, Analytique–Aimable, Aimable–Expressif.

2.1. Les réactions aux autres styles

Pour illustrer les interactions entre les différents styles, nous proposons l'exemple d'une personne qui prend la parole dans une réunion.

Devant une intervention de style analytique,

- le directif trouve le temps long et tente d'accélérer le processus;

- l'aimable essaie de comprendre la portée du message;

- l'expressif risque de s'ennuyer, de penser à autre chose.

Devant une intervention de style directif,

- l'analytique s'inquiète du manque de précision;

- l'aimable essaie de minimiser ou de relativiser les propos formulés;

- l'expressif devient compétitif et tente d'attirer l'attention ou cherche à faire diversion.

Devant une intervention de style aimable,

- l'analytique cherche la logique du propos et ne comprend pas qu'on y mêle les sentiments ou des exemples personnels;

- le directif attend une position claire sur le sujet et s'impatiente;

- l'expressif s'amuse ou devient sarcastique.

Devant une intervention de style expressif,

- l'analytique devient confus, demande des faits plutôt que des opinions;

- l'aimable est fasciné, mais doute du sérieux de l'expressif;

- le directif entre en compétition en se centrant sur la tâche et les facteurs de réalité.

Ces différentes réactions conduisent les personnes de chacun des styles à avoir des attentes, souvent irréalistes à l'égard des autres.

2.2.   Les reproches que des personnes de différents styles s'adressent mutuellement

Chacun s'attend à ce que l'autre communique selon le même style que lui; c'est pourquoi les personnes de chaque style reprochent aux autres les aspects qui sont les plus différents du leur.

L'individu au style **analytique** considère que les personnes qui ont d'autres styles de communication, de façon générale, manquent de rigueur, sautent trop rapidement aux conclusions et font des interventions non pertinentes, insuffisamment documentées. Plus précisément, les reproches adressés aux personnes au style **directif** concernent leur précipitation à décider, leur goût pour la compétition, leur facilité à prendre des risques et leur approche autoritaire. À l'**aimable**, la personne au style analytique reproche son émotivité, sa tolérance et son manque de rigueur. L'analytique reproche à l'**expressif** de ne pas tenir ses promesses et d'être inutilement émotif.

La personne au style **directif** considère que ceux qui ont d'autres styles, de façon générale, parlent pour ne rien dire, manquent de réalisme, compliquent les choses inutilement. Plus précisément, elle reproche à l'**analytique** sa lenteur à décider, son évitement du risque et la surabondance des détails fournis. À l'**aimable**, elle reproche son manque d'initiative, son besoin de connaître les détails et ses préoccupations pour la dimension personnelle. Elle reproche à l'**expressif** son côté démonstratif, impulsif, rêveur et émotif.

L'individu au style **aimable**, pour sa part, est généralement étonné de voir les autres dont le style est différent du sien ignorer les personnes impliquées dans les situations et s'en tenir uniquement aux faits, affirmer leur point de vue sans écouter, faire d'inutiles remises en question. Plus précisément, il reproche à l'**analytique** son manque de chaleur, de souci des autres et l'importance qu'il accorde aux données quantifiées et aux statistiques. Au **directif**, il reproche son impatience, sa dureté, le manque d'expression de ses sentiments. Enfin, il reproche à l'**expressif** sa recherche d'effets théâtraux, son manque de sérieux, son goût du plaisir, son impulsivité.

La personne au style **expressif**, de façon générale, déplore le conformisme des individus qui ont un autre style, l'absence de plaisir dans leurs échanges, le sérieux apporté à défendre leur point de vue. Plus précisément, elle reproche à l'**analytique** son esprit de sérieux, l'importance qu'il accorde aux détails, son approche impersonnelle et son attitude critique. Au **directif**, elle reproche sa froideur, son manque d'enjouement, sa discipline de fer et son intolérance. Elle déplore la lenteur de l'**aimable** à passer à l'action ainsi que son attitude attentionnée, complaisante et non compétitive.

Ces reproches que les personnes de différents styles sont susceptibles de s'adresser mutuellement laisse entrevoir l'exigence de souplesse que requiert une interaction ouverte et dynamique.

3. La souplesse du style personnel de communication

Dans le contexte du travail, des échanges efficaces et satisfaisants reposent sur une certaine souplesse de part et d'autre. L'indice le plus sûr d'une communication bloquée est la répétition constante d'un modèle d'interaction menant à une impasse. Dans les groupes de travail, quand les rôles et les comportements deviennent figés, il s'ensuit une rigidification dans les interactions qui a pour conséquence d'étouffer la créativité et de réduire considérablement le dynamisme du groupe.

À l'inverse, ce qui caractérise une relation satisfaisante, c'est «la mobilité, la flexibilité, la capacité de passer d'une type d'interaction à l'autre» (Orgogozo, 1988, p. 34). Mais pour que l'interaction soit mobile, il importe que les interactants fassent preuve de souplesse interpersonnelle. La souplesse est citée régulièrement comme étant un indicateur de compétence interpersonnelle (Daly et Diesel, 1992; Hart *et al.*, 1980; Spitzberg et Cupach, 1984; Wiemann, 1977).

Dans les organisations, la souplesse exige une certaine symétrie dans les rapports interpersonnels; cette symétrie implique que les rôles de communication entre les gestionnaires et leurs collaborateurs soient à double sens. Le feed-back va dans les deux sens, l'écoute et l'expression également. Cette symétrie ne nie pas les différenciations fonctionnelles, mais elle suppose un modèle d'interaction dans lequel chacun des partenaires est libre de remettre en question les affirmations et les décisions de l'autre qui ne peut se réfugier derrière le paravent de son statut hiérarchique (Felts, 1992).

Dans l'interaction, la souplesse implique «un répertoire vaste et diversifié de comportements liés à la communication, l'habileté à choisir les comportements appropriés à la situation et la créativité nécessaire pour composer avec les situations de communication nouvelles et inattendues» (Spitzberg et Cubach, 1984, p. 107). L'utilisation ponctuelle de comportements différents de son style habituel afin de promouvoir une interaction mutuellement satisfaisante correspond à la souplesse interpersonnelle (Bolton et Bolton, 1984). Cette souplesse interpersonnelle fait partie de notre adaption à autrui.

> *Connaissant la ponctualité proverbiale de Charles, nous serons plus attentifs à être à l'heure au rendez-vous que si nous devons rencontrer Carole reconnue pour son laisser-aller quant aux horaires.*

Souvent, sans nous en rendre compte, nous adaptons notre style à celui de l'autre dans l'interaction. En revanche, à d'autres moments, nous devenons rigides et mettons tout en œuvre pour changer l'autre; cette attitude rend l'interaction difficile et improductive. Plusieurs individus possédant des compétences techniques ou professionnelles indéniables ne réussissent pas cependant à faire passer leurs idées à cause de leur rigidité interpersonnelle.

Pour rendre les échanges plus féconds, il importe donc de faire preuve occasionnellement de souplesse interpersonnelle de façon consciente, surtout quand l'interaction est plus difficile ou que l'enjeu est important.

Certains objecteront que la souplesse du style personnel de communication favorise le contrôle sur autrui et la manipulation; les gens valorisent la spontanéité et le fait de dire les choses comme elles sont, c'est-à-dire selon **leur** compréhension. Toutefois, cette spontanéité peut rendre l'autre mal à l'aise et le mettre sur la défensive de telle façon que l'interaction devienne tout à fait stérile.

C'est pourquoi composer avec les autres styles exige une certaine souplesse par rapport à son propre style. Dans ce contexte, la souplesse peut être définie comme «une tentative délibérée d'avoir recours temporairement à des comportements qui ne font pas partie de son style personnel de communication dans le but de répondre de façon appropriée à la situation» (Bolton et Bolton[1], 1984, p. 53).

---

1. Bolton et Bolton (1984) désigne la souplesse interpersonnelle par l'expression «style flex» (p. 53).

Répondre de façon appropriée à la situation se trouve au cœur de la souplesse interpersonnelle. L'individu faisant preuve de souplesse interpersonnelle est capable d'estimer avec justesse les situations interactives et d'y répondre de manière pertinente. Par exemple, l'interaction avec une personne déjà sur la défensive sera plus fructueuse si on est capable d'avoir des comportements qui réduisent cette attitude plutôt que réagir de manière à augmenter encore cette défensivité.

De façon pratique, la souplesse interpersonnelle consiste soit à ajouter certains types de comportements spécifiques qui ne font pas partie du répertoire habituel, soit à diminuer ou augmenter l'intensité de comportements spécifiques déjà présents dans le style personnel de communication.

Pauline a un style de communication directif et elle doit obtenir la collaboration de son collègue, François, qui est plutôt de style aimable, pour un projet lui tenant à cœur. Dans le passé, leurs échanges n'ont pas produit les résultats escomptés : François finissait par acquiescer sans être convaincu, puis remettait sa décision à plus tard. Pauline décide de modifier son approche de trois manières. De façon consciente, elle parle un peu plus lentement et tolère certains moments de silence durant l'échange. Ensuite, plutôt que tenter à tout prix de convaincre François, elle l'invite d'abord à donner son opinion en s'abstenant de toute évaluation et en essayant de bien comprendre son point de vue. Finalement, quand vient le moment d'exprimer ses propres idées, elle le fait de façon moins énergique et moins catégorique qu'à l'habitude.

Le fait de modifier quelque peu son style personnel de communication a permis à Pauline de travailler avec François de manière plus efficace et moins stressante pour les deux.

La souplesse de son style personnel de communication ne signifie pas l'abandon de ses objectifs, ce qui reviendrait à confondre le contenu et le processus. La souplesse concerne le processus interpersonnel : elle comprend l'emploi de processus appropriés à l'atteinte d'objectifs désirés. (Bolton et Bolton, 1984).

La souplesse du style est particulièrement importante pour débuter un échange, quand l'autre est stressé ou défensif, et surtout quand l'enjeu est de taille. En effet, les premiers moments d'un échange mettent parfois en péril l'atteinte des objectifs de l'interaction. Aborder quelqu'un d'une façon qui le rebute constitue un mauvais départ. De même, quand l'autre devient défensif, il importe de faire preuve de souplesse afin de rendre l'interaction plus féconde.

4. Comment composer avec les différents styles?

Plusieurs auteurs (Bolton et Bolton, 1984; Byrum, 1986; Elsea, 1987; Merrill et Reid, 1981) ont proposé des manières d'interagir avec chacun des styles afin de favoriser l'émergence d'une interaction plus harmonieuse. Une synthèse de ces aspects interactifs met en évidence les attitudes et les comportements qui facilitent les rapports avec les personnes de chaque style.

4.1. Composer avec le style analytique

C'est la personne au style expressif qui doit davantage faire preuve de souplesse pour interagir efficacement avec les individus analytiques.

Avec les analytiques:

- préparez-vous soigneusement; soyez le plus juste possible;

- si possible, présentez les faits et les données par écrit;

- restez dans le domaine du travail;

- montrez que vous appuyez leurs principes et appréciez leur approche réfléchie;

- pour chaque suggestion que vous apportez, nommez-en les avantages et les inconvénients;

- prenez votre temps, soyez patient mais persévérant;

- pensez à un échéancier et négociez une date limite;

Comportements à éviter:

- être désordonné, approximatif;

- aborder l'échange selon un mode informel;

- précipiter le processus de décision;

- exiger une réponse immédiate;

- perdre du temps;

- menacer, séduire, manipuler;

- utiliser des témoignages en guise de preuves;
- présenter des opinions comme des faits;
- négliger de faire un suivi.

4.2. Composer avec le style directif

C'est la personne au style aimable qui doit le plus faire preuve de souplesse pour interagir efficacement avec les individus directifs. En revanche, les personnes de style aimable sont celles qui ont le plus de facilité à faire montre de souplesse dans leurs interactions. Avec les directifs:

- soyez bref, concis; allez droit au but;
- restez dans le domaine du travail;
- arrivez préparé avec tout ce qu'il faut: objectifs, supports matériels, etc.;
- présentez les faits de façon claire et logique;
- soyez prêt à répondre à des questions spécifiques;
- suggérez diverses options et laissez-les décider;
- si vous êtes en désaccord, tenez-vous-en aux faits et non à la personne;
- si vous êtes d'accord, appuyez les faits et valorisez la personne;
- persuadez en vous appuyant sur les résultats;
- quand vous avez terminé, quittez rapidement sans vous attarder.

Comportements à éviter:

- tourner autour du pot et leur faire perdre leur temps;
- chercher à établir une relation personnalisée à moins qu'ils n'en prennent l'initiative;
- être désorganisé;
- laisser des points vagues;
- demander des questions de rhétorique ou philosophiques;
- arriver avec une décision ou décider à leur place;
- spéculer ou offrir des garanties non fondées;
- laisser votre désaccord les atteindre personnellement;

- renforcer votre accord en laissant entendre que vous formez une équipe ;
- diriger ou leur donner des ordres ; cette attitude les amènent à se cabrer.

4.3. Composer avec le style aimable

C'est l'individu au style directif qui doit le plus faire preuve de souplesse pour interagir efficacement avec les personnes ayant un style aimable.

Avec les aimables :

- commencez l'échange par des commentaires personnels ;
- manifestez-leur un intérêt sincère comme personne ;
- trouvez des lieux d'implication ou d'intérêts communs ;
- soyez ouvert ;
- écoutez activement ;
- soyez non menaçant et informel ;
- posez des questions qui suscitent leur opinion ;
- prenez garde de les blesser si vous êtes en désaccord ;
- définissez avec eux leur contribution individuelle ;
- fournissez l'assurance ou la garantie que leur décision comporte un risque minime et qu'elle ne porte pas atteinte à d'autres personnes.

Comportements à éviter :

- vous précipiter sur le sujet à discuter ;
- rester au niveau des faits ;
- les obliger à répondre rapidement à vos objectifs ;
- être dominateur, exigeant ou manipulateur ;
- discuter de faits ou de données seulement ;
- être condescendant ;
- être brusque et rapide ;
- être vague et non spécifique quant à vos attentes ;
- offrir des garanties que vous ne pourrez tenir ;
- décider à leur place, sinon ils ne prendront pas d'initiative ;
- présenter des options et des probabilités, car vous les mettrez dans l'embarras.

4.4. *Composer avec le style expressif*

C'est la personne au style analytique qui doit le plus faire preuve de souplesse pour interagir efficacement avec les individus de style expressif.

Avec les expressifs :

–   planifiez l'interaction de manière à encourager leur espoirs, leurs rêves et leurs intentions ;

–   sachez être amusant, divertissant, stimulant, intéressant ;

–   prenez du temps pour socialiser ;

–   discutez de leurs buts et de ce qu'ils trouvent stimulant ;

–   efforcez-vous d'avoir une vue d'ensemble et de ne pas trop vous attarder aux petits détails ;

–   suggérez des idées et des concepts pour soutenir l'implantation d'actions ;

–   fournissez des exemples crédibles ;

–   reconnaissez leurs talents et leurs ressources ;

–   offrez des compensations ou des avantages à leur investissement.

Comportements à éviter ;

–   être légaliste ou moralisateur ;

–   avoir une attitude froide et distante ;

–   vous en tenir aux faits et exiger des solutions immédiates ;

–   présenter tous les détails ;

–   rêver avec eux, si le temps presse ;

–   vous adresser à eux sur un ton condescendant ;

–   être dogmatique.

La figure 7.1 permet d'avoir un aperçu des approches les plus efficaces avec chacun des styles, indépendamment de son propre style.

5.   Les questions relatives à la typologie

Le fait d'avoir parcouru les descriptions de chaque style, rempli le questionnaire «Mon style personnel de communication[1]», et

---

1.   Le questionnaire se trouve à la page 176.

Figure 7.1
Une approche générale et simplifiée pour composer avec chacun des styles personnels de communication

ANALYTIQUE	DIRECTIF
Expliquez d'abord comment.	Expliquez d'abord ce dont il s'agit (quoi).
Procédez de façon systématique.	Procédez rapidement.
Appuyez-vous sur les principes de l'autre.	Mettez l'accent sur les résultats.
Présentez des faits documentés.	Proposez une action immédiate.
Précisez des échéances.	Laissez une marge de manœuvre.
Soyez patient, organisé et logique.	Soyez factuel, rapide et efficace; allez droit au but.
AIMABLE	**EXPRESSIF**
Expliquez d'abord de qui il s'agit.	Expliquez d'abord pourquoi.
Procédez doucement.	Procédez de façon enthousiaste.
Offrez du support à la personne.	Tenez compte des intentions de la personne.
Abordez des sujets personnels.	Parlez des gens et des opinions.
Demandez-lui de prendre des initiatives.	Fournissez un cadre de discipline.
Soyez gentil, précis et calme.	Soyez stimulant, ouvert.

Source: Traduit et adapté de BYRUM, B. (1986). « A Primer on Social Styles », The 1986 Annual: Developing Human Resources, p. 225.

d'avoir compris la dynamique interactive entre les quatre styles n'a pas nécessairement répondu à toutes vos interrogations. Certains éléments de réponse seront donc apportés afin de préciser notamment s'il est possible d'avoir plusieurs styles ou encore de changer de style et si le leadership est associé à un style en particulier.

5.1. Un ou plusieurs styles ?

La plupart des gens sont réticents à s'enfermer dans un seul style de communication. Les situations diverses, les contextes variés, l'humeur, l'état de santé, les personnes avec lesquelles on interagit, autant d'aspects qui imposent des modifications au style personnel de communication. L'intervention de ces facteurs se manifeste soit par l'exagération des tendances du style dominant, soit par le recours à des comportements caractéristiques d'autres styles. En outre, certaines personnes présentent des styles de communication différents selon qu'elles se trouvent dans le contexte de leur vie privée ou dans celui de la vie publique. Par exemple, Claude, au travail, fait preuve de sérieux et de réserve dans ses échanges tandis que, dans son cercle intime, il se montre fantaisiste, jovial et drôle.

Les individus possédant beaucoup de souplesse interpersonnelle ont fréquemment recours à des comportements caractéristiques d'autres styles. Cependant, ces emprunts à d'autres styles sont teintés de leur style dominant. Par exemple, si une personne au style aimable, doit faire preuve, à l'occasion, d'attitudes pragmatiques, centrées sur l'action et les résultats, elle le fera sur l'arrière-plan de son style aimable et non à la manière de quelqu'un dont le style dominant est directif.

En somme, chaque personne possède un style personnel de communication privilégié; mais ce style de base subit certaines modifications suivant les contextes.

5.2. Le changement de style

Comme le style personnel de communication est fortement tributaire de la personnalité, des changements notables dans le temps de style personnel de communication sont plutôt rares. Néanmoins, certains facteurs peuvent intervenir dans la modification du style personnel de communication: l'appartenance à un groupe spécifique, l'expérience, le travail sur soi et l'acquisition d'une certaine souplesse.

Différentes cultures, organisations et professions exercent des pressions en faveur ou en défaveur de certains types de comportements à travers les processus de socialisation, de sélection, d'acculturation ou de marginalisation (Mayurama, 1990). Ainsi, l'exercice d'un rôle donné dans une organisation particulière peut entraîner certaines modifications au style personnel de communication.

Odile, une personne au style analytique, est gestionnaire dans un contexte où elle doit prendre rapidement de nombreuses décisions. Elle apprendra inévitablement à accélérer quelque peu son processus décisionnel, mais il y a tout lieu de croire qu'elle vivra beaucoup de stress.

Avec le temps et l'expérience, certaines personnes développent des aspects caractéristiques des styles connexes. Ces développements enrichissent ou contraignent le style de base sans le modifier profondément. De même, un travail sur soi conduit à nuancer son style personnel de communication. Quelqu'un qui perçoit avec de plus en plus d'acuité les richesses et les limites de son style dominant est amené, par le fait même, à tempérer l'expression de certains aspects de son style de base. Enfin, la souplesse interpersonnelle ajoute de la variété au répertoire de comportements. Adapter son style à celui des autres offre de multiples occasions d'expérimenter d'autres manières d'entrer en interaction.

Même en tenant compte de ces facteurs d'influence, il est relativement rare qu'une personne change radicalement de style personnel de communication. Par ailleurs, toute expérience d'ouverture et de réflexion sur l'impact de son style amène un élargissement du répertoire de comportements et, de ce fait, contribue à l'enrichissement de son style personnel de base.

5.3. Style personnel de communication et leadership

Beaucoup a été écrit sur le leadership; un nombre considérable de caractéristiques du leadership ont été retenues, analysées, nuancées, puis rejetées; il s'est avéré impossible de dégager un type de personnalité lié au leadership (Tellier, 1992). Comme le mentionnent Bennis et Nanus (1987) dans leur étude sur les meilleurs leaders aux États-Unis, il est impossible de dégager un prototype du leader; «en effet, il y en a à dominance cérébrale droite et gauche, des grands et des petits, des gros et des maigres, des expansifs et des renfermés, des dominateurs et des timides, des optimistes et des pessimistes, des autocrates et des partisans de la participation» (p. 32). Dans le même sens, Drucker (1974, p. 29) prétend qu'il n'existe pas de personnalité efficace; «les cadres efficaces que j'ai connu diffèrent très largement par leur tempérament et leurs capacités, [...] par leur personnalité, leurs connaissances, les choses auxquelles ils s'intéressent, en fait par à peu près tout ce qui distingue un individu d'un autre».

Le style personnel de communication référant à la manière d'interagir, il détermine également la manière d'exercer du leadership. Mais aucun style n'est en soi garant du leadership.

En somme, la connaissance des styles personnels de communication ne permet pas de changer son style, encore moins celui des autres; mais cette connaissance contribue à diminuer la confusion, la mystification et les blâmes mutuels. Se rendre compte que chaque style procède d'une logique différente souvent interprétée par les personnes ayant d'autres styles comme un manque de logique nous sort de l'enfermement où chacun se croit le détenteur de la vérité. Dès lors, la connaissance des styles personnels de communication est utile dans la mesure où elle nous rappelle qu'il existe plusieurs manières de réagir aux mêmes événements.

Au-delà des styles personnels de communication, chaque personne demeure un être unique. Reconnaître les limites et les manques de son propre style et mieux apprécier les avantages des autres styles constituent le fondement du développement personnel.

CHAPITRE *8*

Les forces et les limites
de chaque style

La connaissance des forces et des limites de chaque style personnel de communication associée à la maîtrise des habiletés de
communication peut contribuer à l'amélioration de la vie organisationnelle sous différents angles, entre autres, le processus de
consultation, la résolution de problèmes et la gestion des conflits.

1. Le processus de consultation

La consultation a causé beaucoup de déboires et de déceptions.
Les gestionnaires, quand on leur demande de développer une
gestion plus participative, pensent immédiatement à l'obligation
de consulter davantage leur personnel. Mais souvent, ces pratiques de consultation sont perçues comme un long détour pour
parvenir finalement au résultat déjà envisagé. Si la consultation
n'apporte pas de résultats satisfaisants, cela est dû en partie au fait
que le processus lui-même n'est pas compris, les enjeux ne sont
pas clairs, les habiletés requises ne sont pas maîtrisées et, finalement, les gestionnaires ne disposent pas de modèle.

Une forme de «consultation» souvent répandue consiste à
annoncer, dans une rencontre dite «de consultation», une déci-

sion dont la mise en application est prévue pour une date ultérieure. La rencontre donne souvent lieu à l'expression de réactions négatives à l'égard de la décision. Quand la décision est
finalement mise en œuvre, les personnes consultées estiment,
non sans raison, qu'elles ont été faussement consultées.

Si une décision est déjà arrêtée et que seul le moment de sa
mise en application est laissé en suspens, on ne peut parler de
consultation, à moins qu'on ne consulte que sur le moment de la
mise en œuvre.

*La direction ou toute autre instance a décidé de rendre le
stationnement payant pour tout le personnel. Dans ce cas, il
ne peut plus y avoir consultation. Ce qui reste possible, c'est
la tenue de rencontres d'information à différents niveaux
pour expliquer les raisons ayant présidé à cette décision.
Toutefois, rien n'empêche, durant ces rencontres, d'être à
l'écoute des réactions du personnel mais rien n'autorise non
plus à laisser entendre que la décision est à venir et qu'elle
pourrait être influencée par l'expression des employés, si tel
n'est pas le cas.*

L'ambiguïté vient de ce qu'on appelle «consultation» ce qui
est en fait souvent une réunion d'expression[1]. Ces rencontres
d'expression ne peuvent être identifiées à la consultation.

La véritable consultation devrait indiquer au départ selon
quelles modalités sera prise la décision; par le fait même, il importe de préciser les contraintes et les politiques qui délimitent le
cadre de la prise de décision. Il y a véritable consultation quand
les gestionnaires discutent d'une décision à prendre avec leurs
collaborateurs avant de se fixer. Dès lors, la possibilité de modifier
la décision envisagée suivant les arguments apportés au cours de
la discussion avec les collaborateurs existe réellement.

Pour retirer des avantages de la consultation, le recours à une
écoute précise et rigoureuse des points de vue exprimés s'avère

---

1. En France, la loi sur la réunion d'expression a été votée le 4 août 1982. Elle
institue, dans les entreprises françaises, un droit d'expression directe et collective des salariés sur le contenu, l'organisation et les conditions de travail. Ces
réunions qui se tiennent régulièrement regroupent l'ensemble des salariés
appartenant au même service. «Elles ont lieu en présence du supérieur hiérarchique qui occupe le rôle d'animateur et qui se charge d'établir et de transmettre le compte rendu des vœux, suggestions et réclamations émises par les
salariés» (Borzeix, 1987, p. 158).

indispensable. Comme l'affirme Allaire (1992), la consultation auprès d'un groupe doit donner «un portrait de la position de ses membres sur une question donnée, exprimée en une synthèse qui reflète autant les points communs que les singularités» (p. 106). Être en mesure de faire cette synthèse exige d'être à l'écoute, de pouvoir faire clarifier les affirmations vagues et de donner du feed-back sur le processus, s'il y a lieu.

1.1. Style personnel de communication et consultation

Les individus ont tendance à aborder la consultation d'une manière qui varie selon leur style personnel de communication. Les gestionnaires qui connaissent leur propre attitude de base à l'égard de la consultation sont plus en mesure d'adapter le processus de consultation en fonction des ressources et des limites de leur style personnel.

Les gestionnaires au style **analytique** sont relativement à l'aise dans le processus de consultation sauf si l'objet de la consultation soulève beaucoup d'émotivité. Par contre, leur souci de rigueur et de pertinence les conduit parfois à prolonger indûment l'expression des différents points de vue et à retarder ainsi la prise de décision.

Les gestionnaires au style **directif** éprouvent certaines difficultés à intégrer la consultation dans leur gestion. En regard de l'action, le processus de consultation en groupe leur paraît lourd et, la plupart du temps, inutile. Par contre, la consultation individuelle de personnes crédibles à leurs yeux les intéresse. Quand une personne au style directif consulte, elle a tendance à ne tenir compte que des points de vue qui confirment le sien, ignorant les opinions ou positions divergentes.

Les gestionnaires au style **aimable** sont à l'aise dans le processus de consultation; leur facilité à écouter attentivement et à entendre les oppositions ou les réserves exprimées, même très discrètement, joue en leur faveur. Toutefois, cette aisance à vivre le processus de consultation les amènent parfois à consulter exagérément. Beaucoup d'énergie est alors investie à trouver une issue qui rallierait les positions divergentes.

Les gestionnaires au style **expressif**, décidant de consulter, se laissent imprégner par les interventions des différents collaborateurs. Mais les répétitions et l'absence d'idées originales mettent à l'épreuve leur patience. Assurer le suivi de la consultation constitue une limite pour les gestionnaires de ce style. En effet, le suivi de la consultation se fait parfois attendre, et les collaborateurs qui ont investi dans le processus et en attendent les résultats avec impatience sont déçus de ne pas savoir ce qu'il est advenu de cette opération de consultation.

En guise de conclusion, il nous paraît important de rappeler que les gestionnaires, quel que soit leur style, ont des forces et des limites. Qu'ils en soient conscients est la seule exigence qu'on peut avoir à leur endroit.

2.   La résolution de problèmes

Le processus de résolution de problème comprend successivement les phases dc définition de la problématique, l'élaboration des solutions, l'analyse des solutions afin d'en choisir une et la détermination des modalités d'implantation de la solution privilégiée.

**Définir le problème** en faisant l'inventaire des opinions, des idées et des informations pertinentes. Cette étape de définition demande parfois beaucoup de temps, mais elle ne doit pas être escamotée. Une erreur courante consiste à passer trop rapidement aux solutions.

**Générer plusieurs solutions**. La réussite de cette opération repose sur la créativité et l'imagination des personnes concernées. La tendance est grande de se limiter à une solution maintes fois reprise sans oser sortir des sentiers battus.

**Analyser les solutions** pour en choisir une qui soit acceptable pour les parties concernées. L'analyse des solutions doit tenir compte des contraintes et de conséquences possibles. Comme le remarque Tessier (1992), quand les situations sont complexes et que le facteur humain intervient «la solution logique n'est pas toujours la plus stratégique» (p. 279).

**Déterminer les modalités d'implantation** de la solution choisie. À cette étape, il s'agit d'établir un plan d'action indiquant les tâches et les responsablités de chacun selon un échéancier précis.

Dans l'ensemble du processus de résolution de problèmes, la première étape consacrée à la définition de la problématique est cruciale. La définition du problème ne va pas de soi et nous avons tendance à croire que les problèmes existent objectivement et que

nous n'avons qu'à les formuler clairement; ce que Probst et Gomez (1992) appellent «une erreur logique». En effet, les problèmes ne sont pas toujours des faits objectifs; ils sont construits par
les personnes en interaction qui essaient de comprendre des situations suffisamment complexes pour donner lieu à une variété
d'interprétations et à des compréhensions multiples. Dès lors,
l'analyse d'une problématique requiert l'application d'un certain
nombre de définitions complémentaires. Cette première étape
d'exploration de la situation permet de relever toutes les variables
pertinentes à une compréhension éclairée du problème. Une définition juste et pertinente de la situation problématique favorise la
réalisation des étapes subséquentes.

2.1. Style personnel de communication et résolution de problèmes

De façon caricaturale mais évocatrice, on peut illustrer la réaction
devant un problème suivant chaque style personnel de communication (voir la figure 8.1).

Les gestionnaires au style **analytique** utilisent la méthode
rationnelle de résolution de problème. L'analyse systématique de
toutes les données pertinentes au problème est l'étape privilégiée
par ces personnes. Par contre, choisir **la** meilleure solution leur
demande parfois beaucoup de temps. Quand le choix est fait, il
donne lieu à l'élaboration d'un plan d'action rigoureux et précis.

Devant des problèmes connus et structurés, les gestionnaires
au style **directif** font preuve d'une efficacité remarquable. En
revanche, ces gestionnaires abhorrent les problèmes flous, com-

Figure 8.1

**Une illustration des réactions propres à chacun des styles
face à un problème**

ANALYTIQUE	Comment cela a-t-il commencé? Qu'est-ce qui s'est passé par la suite? Il faudrait disposer de données précises.
DIRECTIF	Le problème c'est que...; donc, il faut trouver une solution.
AIMABLE	Qui est impliqué dans cette situation? Comment les gens réagissent-ils? Il faudrait peut-être rencontrer les personnes concernées et voir ensemble ce qui se passe.
EXPRESSIF	Y a-t-il un problème? Il y a sûrement d'autres manières de considérer cette situation.

plexes et non structurés. Leur habileté consiste à cerner rapidement ce qui leur semble être le problème et à s'orienter tout aussi rapidement vers une solution. Cette précipitation vers l'action les conduit parfois à régler de faux problèmes en apportant des solutions inadéquates.

Les gestionnaires au style **aimable** définissent le problème en impliquant les personnes concernées, ce qui leur permet d'intégrer différents points de vue dans leur analyse. Ces gestionnaires accordent une place prépondérante aux facteurs personnels dans le choix des solutions. Mais leur hésitation devient manifeste quand arrive le moment de choisir une solution et de la mettre en œuvre malgré certaines divergences.

Les gestionnaires au style **expressif** cherchent à se faire une représentation la plus complète possible de la situation. Alors, quand de nouveaux éléments surgissent, ces gestionnaires n'hésitent pas à redéfinir le problème. À tout moment, la question de ce qu'est le véritable problème se pose. Dans leur recherche d'éléments explicatifs, ces gestionnaires se fient à leurs intuitions et aux indices implicites. Leur capacité à trouver plusieurs solutions, même fantaisistes, est grande. Par contre, opter pour une solution, la mettre en œuvre et assurer un suivi leur semblent plus ardus.

Concernant les étapes de la résolution de problème,

–   l'étape de l'analyse du problème est la spécialité des personnes au style **analytique**;

–   les personnes au style **directif** sont efficaces dans la mise en œuvre de la solution choisie;

–   la contribution des personnes au style **aimable** est précieuse dans l'étape du choix d'une solution parce qu'elles tiennent compte des individus concernés;

–   l'étape de la recherche de solutions et le remue-méninges conviennent bien aux ressources des personnes au style **expressif**.

La reconnaissance des forces de chaque style dans le processus de résolution de problème permet aux membres d'une équipe de travailler ensemble de manière productive.

3.   La gestion des conflits

Certains courants dans les sciences sociales, empreints d'idéalisme, considèrent le conflit comme la résultante d'un mauvais fonctionnement du système social ou de communications déficientes. Or, le conflit est inévitable parce qu'inhérent à toute vie sociale ; il sert à rééquilibrer la balance du pouvoir et constitue un facteur de changement, de développement et d'innovation. Le conflit devient paralysant et destructeur quand il ne permet plus de travailler ensemble à l'atteinte de buts communs diminuant ainsi l'efficacité du groupe.

Le conflit d'idées, la controverse, vue communément comme un frein à la productivité, peut, au contraire, favoriser la prise de décisions plus riches. Comme le mentionne Tjosvold (1987, p. 743), «parce que les gens comprennent les idées opposées, disposent d'une information supplémentaire et ont envisagé la perspective de l'autre, ils deviennent capables de voir les limites de leur propre point de vue et peuvent intégrer d'autres arguments».

Les systèmes humains de l'organisation doivent «connaître alternativement des phases de conflit et des phases de convergence qui ne soient pas répétitives. Lorsque les mêmes problèmes se posent à chaque rencontre [...], on peut dire que le système est malade [...] Les phases de divergence ou de conflit doivent déboucher sur des phases de convergence plus riches, plus nuancées que les précédentes. Les phases de convergence préparent des moments de confrontation intégrant des points de vue et des contradictions qui n'existaient pas lors du précédent conflit » (Orgogozo, 1987, p. 50). Cependant, pour éviter que le conflit ne devienne paralysant, il faut être en mesure de régler les différends qui surviennent et empêcher ainsi que l'opposition entre certains individus sapent l'énergie du groupe.

Un conflit interpersonnel survient lorsque dans une situation interactive l'une des personnes croit qu'elle est empêchée d'atteindre son but par les attitudes ou le comportement de l'autre. Les conflits s'enveniment et se prolongent parce que les personnes concernées se sentent menacées, deviennent méfiantes et qu'elles réduisent alors la communication. Chacune nourrit de l'hostilité pour l'autre et la perçoit comme un ennemi ; des distorsions de la perception s'installent renforçant la situation de conflit.

3.1.   Les types de conflits

Il est possible de distinguer trois types de conflits: le conflit instrumental, le conflit de pouvoir et le conflit socio-émotif (Mastenbroek, 1987).

3.1.1.   Le conflit instrumental

Parler de conflit instrumental, c'est évoquer les dimensions rationnelles, techniques ou structurelles du conflit. La recherche d'un but spécifique auquel s'oppose l'adversaire se trouve au cœur du conflit instrumental. À ce niveau, le conflit prend diverses formes: manque de clarté des priorités ou désaccord quant aux objectifs, utilisation de langages différents, insuffisance des habiletés de communication, procédures inappropriées, échange restreint d'information, manque de synchronisation, partage ambigu des tâches, coordination déficiente, etc. Si le conflit instrumental n'avait pas de composantes politiques ou socio-émotives, il serait relativement facile à résoudre.

La gestion des conflits instrumentaux s'apparente à la résolution de problèmes. Selon le problème relevé, les solutions envisagées peuvent être la clarification de rôle, l'amélioration du processus de décision, la négociation de rôle, la révision de la planification, la reformulation des objectifs, etc.

3.1.2.   Le conflit de pouvoir

Les luttes de pouvoir possèdent leurs propres règles. Elles se jouent indirectement et avec circonspection, ce qui, en soi, constitue une stratégie politique. En effet, tenter ouvertement de renforcer sa position quant au pouvoir ne servira qu'à l'affaiblir. Toujours présents à divers degrés, les conflits de pouvoir deviennent dysfonctionnels quand les comportements de rivalité et de compétition empêchent toute coopération. Comme le remarquent Chalvin et Eyssette (1990, p. 29) «l'analyse des rapports de pouvoir rend réaliste: ou bien, il est possible de changer ses rapports de pouvoir et il convient de le faire, ou bien, c'est impossible, et il convient de s'y adapter et d'en tenir compte. Il n'existe que cette seule alternative.»

Dans les rapports hiérarchiques, les conflits de pouvoir ont souvent pour origine la tendance des gestionnaires à vouloir contrôler le comportement des collaborateurs, jointe à la résistance de ces derniers à se soumettre à ce contrôle. La gestion des conflits qui relèvent principalement des rapports de pouvoir exige de revoir et de clarifier la division des tâches et des responsabilités, d'améliorer les mécanismes de transmission de l'information, de coordonner et d'analyser les symboles de prestige véhiculés dans l'organisation. La gestion des conflits de pouvoir exige le rétablissement d'une certaine interdépendance entre les sujets et les groupes concernés. Pour ce qui est des conflits de pouvoir s'inscrivant dans des rapports hiérarchiques, une modification du style de gestion et des changements structurels s'imposent souvent.

3.1.3. Le conflit socio-émotif

Le conflit socio-émotif renvoie aux dimensions affectives, émotionnelles et irrationnelles ; ce type de conflit est souvent latent. Parfois, le conflit instrumental n'exprime que l'aspect symptomatique d'un conflit socio-émotif latent. Le conflit socio-émotif repose sur un ensemble de « représentations, d'attitudes, de perceptions, de stéréotypes et de sentiments que les adversaires échafaudent ou éprouvent les uns à l'égard des autres » (Touzard, 1977, p. 51).

Les conflits socio-émotifs surviennent quand l'identité personnelle ou collective est menacée. En rapport avec l'image de soi, l'estime de soi, le système de valeurs personnelles, ces conflits, très émotivement chargés, remettent en question l'ouverture et la confiance. Ce type de conflit s'accompagne de vifs sentiments négatifs.

La gestion des conflits socio-émotifs s'articule autour du rétablissement de la confiance et du respect mutuels. Pour ce faire, il faut passer par l'expression ouverte des sentiments, des irritations et la confrontation des stéréotypes. Cette opération nécessite souvent la présence d'une tierce partie qui, étant neutre par rapport au conflit, s'assure que les participants apportent les nuances nécessaires.

3.2. Style personnel de communication et gestion des conflits

Les gestionnaires au style analytique sont tentés par l'évitement du conflit. Leur attitude les conduit à rester autant que possible en dehors des conflits ou à se retirer afin d'éviter toute forme de confrontation. Parfois, ce retrait évite l'escalade ou oblige les personnes en conflit à résoudre elles-mêmes leur différend. Dans les situations conflictuelles, où ces gestionnaires ne peuvent éviter d'être impliqués, ne serait-ce qu'indirectement, leurs tentatives d'intervention se situent sur le plan de la seule rationalité, c'est-à-dire essayer de faire entendre raison aux personnes concernées. Devant les conflits inévitables, ces gestionnaires font preuve d'une patience remarquable, souvent au prix de la suppression de leurs réactions et sentiments personnels.

Les gestionnaires au style directif envisagent le conflit comme une lutte entre deux adversaires dont l'issue permet de déterminer un gagnant et un perdant. Cette attitude face au conflit les amène à tout mettre en œuvre pour sortir gagnant du conflit ou à proposer rapidement un compromis quand la possibilité de gagner leur paraît trop faible. Leur intervention dans un conflit entre deux personnes s'appuie sur leur autorité, se faisant ainsi les arbitres du conflit. L'analyse de la situation leur permet de décider qui a tort et qui a raison ou d'exiger un compromis des parties en conflit. Ces gestionnaires sont relativement à l'aise dans les conflits instrumentaux.

Les gestionnaires au style aimable, qui valorisent l'harmonie, investissent beaucoup d'énergie à régler les conflits interpersonnels. Leur attitude face au conflit les conduit à analyser leurs propres réactions et à essayer de comprendre celles de l'autre. Dans les situations conflictuelles, ces gestionnaires adoptent spontanément un comportement d'écoute active et n'hésitent pas à faire des concessions. Leur intervention dans un conflit entre deux ou plusieurs personnes permet l'expression des divergences et met l'accent sur la compréhension et la recherche d'une solution avantageuse pour les deux parties.

Les gestionnaires au style expressif, en raison de leur versatilité, présentent diverses réactions au conflit. Dans un conflit interpersonnel, leur réaction influencée par leur humeur peut être de gagner à tout prix, de laisser tomber ou de tenter une négociation gagnant–gagnant. Il en va de même dans les conflits où leur implication n'est qu'indirecte. Ayant décidé de s'engager dans la résolution d'un conflit entre deux ou plusieurs personnes, leur intervention vise à favoriser l'intégration de différents points de vue et leur créativité leur permet d'entrevoir des solutions originales. Dans tous les cas, la personne au style expressif compte beaucoup sur ses habiletés verbales et sa force de persuasion pour traiter un conflit.

En guise de conclusion, il convient de rappeler comme le fait Layole (1984, p. 49) «que la majorité des conflits dans les organisations ont pour origine une accumulation de dénis apparemment anodins et partiels (manque de prise en compte des personnes, oubli involontaire des demandes mineures, minimisation des problèmes exprimés) qui rendent l'affrontement inévitable comme seul moyen de se faire entendre». La considération pour autrui et l'acceptation des différences individuelles ainsi que la maîtrise des habiletés de communication constituent un préalable à l'utilisation du conflit comme facteur d'apprentissage, de changement et de développement.

PARTIE 4

QUELQUES PISTES DE DÉVELOPPEMENT

CHAPITRE 9

L'amélioration de la communication organisationnelle

Améliorer la communication dans les organisations suppose une articulation entre les modifications apportées aux structures et les changements introduits dans les rapports interpersonnels (Nyko-dym, 1988). Mais pour qu'il y ait changement, les partenaires dans l'organisation doivent trouver la motivation qui les amènera à dépasser et à transformer les normes établies. Il faut de plus que ces personnes renoncent aux bénéfices acquis pour découvrir de nouvelles gratifications, qu'elles troquent le confort de l'habitude pour la stimulation de la nouveauté. Le changement requis concerne les attitudes, les valeurs et les mentalités des membres de l'organisation ; il est lié de près au développement personnel de chacun.

D'une importance cruciale pour l'efficacité organisationnelle, le développement personnel comprend « la qualité des raisonnements relatifs aux questions d'éthique, des capacités d'introspection et de présence à soi, une certaine compréhension des autres et des relations interpersonnelles ainsi qu'une vision de plus en plus large des problématiques sociales » (Bartunek *et al.*, 1983, p. 265). L'émergence de nouvelles normes de conduite est tributaire des modifications dans les manières d'interagir.

De telles modifications ne vont toutefois pas de soi. Au départ, elles suscitent de la méfiance. Quand un gestionnaire ou une gestionnaire entreprend de modifier ses habitudes, les collaborateurs, quelque peu incrédules, adoptent une attitude attentiste et se disent: «ça ne durera pas», «ça va rapidement redevenir comme avant». Patience et persévérance seront nécessaires pour que le changement s'inscrive dans le temps. La transition n'est facile pour personne, elle peut même dans certains cas se révéler impossible puisque c'est de changement personnel et collectif qu'il s'agit et qu'il n'y a pas de changement sans apprentissage.

Un certain nombre de gestionnaires seront incapables d'intégrer les exigences de leur nouveau rôle. Comme le remarque D'Aprix (1982, p. 270), «il faudra peut-être décider si on les maintient dans des postes de gestion ou si on les assigne à des tâches qui nécessitent peu d'interactions avec les autres».

L'amélioration de la communication organisationnelle doit donc s'inscrire parmi les préoccupations majeures des dirigeants et des cadres supérieurs.

1. La responsabilité des dirigeants et des cadres supérieurs

Promouvoir les changements désirés relève de l'ensemble des membres d'une organisation; mais les personnes qui occupent des postes hiérarchiques élevés y jouent un rôle de premier plan. Comme le souligne Orgogozo (1987, p. 14), le changement dans les attitudes, les valeurs et les mentalités doit compter avec le temps et susciter l'engagement de tous les niveaux de l'organisation, mais «il requiert, au préalable, une volonté affirmée et réelle de la Direction pour s'engager dans ce changement». Le changement d'attitudes doit commencer au sommet de l'organisation et s'exprimer dans des gestes concrets. Le défi qui attend les membres de la direction ou de la gestion supérieure est donc de parvenir à donner un nouveau visage à leur rôle et à leur présence dans l'organisation.

Ainsi, le développement des habiletés de communication interpersonnelle ne peut être escamoté. Vouloir se soustraire à cette exigence en créant un département des communications, en déléguant cette tâche aux ressources humaines, en mettant sur pied une politique de communication ou en formant les cadres aux techniques de communication ne saurait suffire. En effet, même si ces initiatives sont de fait fort louables et utiles, elles n'atteignent les objectifs visés que si les membres de la direction interagissent différemment, entre eux d'abord et avec leurs collaborateurs immédiats ensuite. La cohérence et la consistance, non seulement dans l'action, mais entre les paroles et les actes, sont essentielles pour amorcer le changement désiré. L'enthousiasme naît quand le discours et l'attitude, se traduisant dans les comportements, coïncident.

De même, les tentatives d'orientation ou de changement de la culture organisationnelle échouent quand les énoncés de principes et de valeurs ne sont pas actualisés dans des conduites concrètes. Comme le mentionnent Young et Post (1993, p. 36), « trop souvent, les messages implicites des gestionnaires contredisent les messages officiels véhiculés par la communication formelle. Sans congruence entre les valeurs transmises par les discours et les valeurs inférées des actions, la communication avec les collaborateurs est une perte de temps. »

Un long discours sur la participation devant un auditoire muet contredit le sens même de l'action qu'il propose. L'inconsistance entre attitudes, comportements et discours nourrit la méfiance et constitue un frein puissant à l'innovation et au changement.

Bref, si les membres de la direction ne changent rien à leur propre manière de communiquer, les initiatives en vue d'améliorer la communication organisationnelle ne résolvent pas le problème, elles peuvent même l'aggraver en raison des contradictions et de la confusion qu'elles engendrent. Par conséquent, parallèlement à toute mesure incitative, il leur incombe avant tout d'être des modèles pour favoriser l'émergence de normes de conduite nouvelles.

2. Les modifications culturelles

L'amélioration de la communication organisationnelle passe par l'intégration de certaines attitudes et valeurs presque absentes dans la plupart des organisations: se connaître, intégrer les dimensions émotives et intuitives et apprendre de ses erreurs.

2.1. Se connaître

Plusieurs gestionnaires espèrent faire l'économie du développement personnel. La recherche de trucs, d'outils, d'instruments, est souvent à leurs yeux un moyen susceptible de leur épargner l'implication et la réflexion personnelles. Mais comme on gère d'abord avec ce que l'on est, les gestionnaires ne peuvent espérer contribuer à l'amélioration de la communication organisationnelle sans passer par le changement personnel. Se changer ne signifie nullement modifier sa personnalité, mais bien reconsidérer son rôle de gestionnaire, réexaminer ses valeurs, recevoir et donner davantage de feed-back, reconnaître avec plus de finesse et d'acuité ses forces et ses limites.

À ce propos, Drucker (1975, p. 280) affirme que les gestionnaires «devraient effectivement en savoir plus sur les être humains. Par-dessus tout, les gestionnaires doivent se connaître eux-mêmes beaucoup plus qu'ils ne le font; car la plupart des managers se concentrent davantage sur l'action plutôt que sur l'introspection.» Dans le même sens, Bolton et Bolton (1984, p. 4) vont plus loin en prétendant que «la connaissance de soi est le point de départ de l'efficacité au travail». En effet, plusieurs problèmes de gestion sont attribués à des causes extérieures, alors qu'ils proviennent en grande partie du comportement interpersonnel des gestionnaires. Ce fait, bien qu'il soit reconnu dans l'organisation, est souvent occulté, sans doute parce que personne ne sait comment aborder les difficultés liées à l'interaction.

La connaissance de soi n'est pas une information statique dont on dispose une fois pour toutes, mais un processus dans lequel on s'implique continuellement. C'est pourquoi se connaître en situation de gestion exige, entre autres choses, d'entrer en contact avec ses collaborateurs pour diminuer l'écart entre ce que l'on croit faire et la perception qu'ils en ont. Échanger avec ses supérieurs, non selon le mode de la soumission, de la séduction ou de la révolte, mais dans une perspective d'entraide et de solidarité, représente une autre avenue de la connaissance de soi.

En ce sens, la recherche active de feed-back par les gestionnaires de tous les niveaux constitue une pratique fort riche pour l'amélioration de la communication et pour la connaissance de soi en situation de gestion. Seule la démarche de connaissance de soi apprend à se voir avec un certain recul, à gagner en humour par rapport à soi, à admettre ses erreurs et à composer avec les situations en prenant une certaine distance. La capacité des gestionnaires à apprendre eux-mêmes et sur eux-mêmes s'avère essentielle pour promouvoir un climat d'apprentissage dans l'organisation.

2.2. Intégrer les dimensions émotives et intuitives

La maîtrise de la gestion ne repose exclusivement ni sur l'affectivité, ni sur la rationalité, mais sur un mouvement constant entre les deux : une rationalité animée par les émotions et une affectivité tempérée par la raison, une recherche constante d'objectivité alliée à une reconnaissance toujours plus aiguë des éléments subjectifs.

L'intégration des dimensions émotives suppose que les gestionnaires cessent de croire à la toute-puissance de leur rationalité et de leur objectivité. Plusieurs problèmes organisationnels relèvent de difficultés émotives déguisées en conflits instrumentaux. Les insécurités, les craintes, les peurs transformées en argumentations apparemment rationnelles ne leurrent personne mais réduisent considérablement l'efficacité de la gestion.

Le recours à l'intuition dans le processus de gestion s'apparente à l'intégration des dimensions émotives. Il faut bien comprendre que le processus intuitif n'est pas irrationnel dans le sens de non pertinent et non signifiant. On peut même parler d'une certaine rationalité du processus intuitif dans le sens où celui-ci peut être éminemment adaptatif. L'absence de rationalité n'est souvent perçue que par l'observateur qui ne possède que des informations fragmentaires et non par celui ou celle qui prend la décision intuitive.

Comme le souligne Quinn (1988), à certains moments, les gestionnaires doivent être capables de prendre des risques et de se fier à leur intuition. En revanche, à d'autres moments, il est plus approprié de comprendre, d'analyser et de contrôler l'application de la solution intuitive. Dans ce cas, le défi consiste à renoncer à l'utilisation immédiate de l'intuition pour l'enrichir et la développer par le contrôle et la rationalité. Concernant cette intégration de l'intuitif et du rationnel, Payette (1988, p. 272) formule les propos suivants :

> *La gestion est une affaire de jugements intuitifs. [...] Le vrai test de l'intelligence en gestion n'est pas la solution de problèmes spécialisés unidimensionnels mais la transforma-*

tion de situations ambiguës, confuses, multidimensionnelles. Cette compétence globale à affronter des situations complexes et informes s'acquiert par la pratique simultanée d'une extrême objectivité et d'une extrême subjectivité : quête incessante de données factuelles et lucidité à l'égard de ses propres volontés.

Mieux se connaître en situation de gestion, composer avec les systèmes de sa propre subjectivité, intégrer les dimensions intuitives et rationnelles constituent un apprentissage exigeant et qui ne peut advenir sans avoir droit à l'erreur.

2.3. Apprendre à partir des erreurs

Plusieurs auteurs soulignent l'importance de l'apprentissage dans les organisations (Argyris et Schön, 1978 ; Bennis et Nanus, 1985 ; Landier, 1991 ; Pacanowsky, 1988 ; Quinn, 1988 ; Senge, 1990). Le leadership est également associé à la capacité d'apprendre continuellement. Dans leur analyse des meilleurs leaders, Bennis et Nanus (1985, p. 153) ont remarqué que ces derniers ont tous mentionné l'apprentissage comme caractéristique de leur pratique : « ces leaders ont une inlassable volonté d'apprendre [...], tous considèrent qu'ils sont en train d'évoluer, de progresser et de découvrir ». La complexité croissante des organisations et la rapidité des changements nécessitent le recours à l'apprentissage sous toutes ses formes. Comme le souligne Crozier (1989, p. 33), « la réussite de ces nouvelles formes d'organisation rendues indispensables par cette nouvelle logique de l'économie va dépendre essentiellement du développement de la capacité d'apprentissage ».

Cependant, développer ses capacités d'apprentissage exige avant tout une manière différente de concevoir l'erreur ; les gens apprennent davantage à partir de leurs erreurs que de leurs succès (Bennis, 1989). En effet, l'erreur est constitutive de l'apprentissage ; elle n'est pas un résultat à éviter à tout prix. Ainsi, la créativité et l'innovation sont impossibles sans le droit à l'erreur. Dans le domaine de la gestion, développer ses capacités d'apprentissage ne peut se faire sans renoncer aux fausses certitudes qui fondent une autorité fragile. Les gestionnaires qui doutent de leur autorité dépensent beaucoup de temps et d'énergie à camoufler et à dissimuler les erreurs commises. Les collaborateurs font de même. En conséquence, « au lieu de profiter des inévitables erreurs de la vie quotidienne pour apprendre à mieux faire, on n'apprend rien parce que les erreurs, de la base au sommet, on les cache ou on les rejette sur les autres» (Orgogozo, 1987, p. 27).

Néanmoins, il faut bien reconnaître que la réalité de la vie organisationnelle permet difficilement d'assumer ses erreurs, de manière à ce qu'elles deviennent source d'apprentissage. Les gestionnaires refusent souvent de recevoir l'information qui pourrait mettre en évidence des manques dans leur gestion, craignant que de telles informations leur soient dommageables.

Tant et aussi longtemps que la culture organisationnelle incitera les gestionnaires à camoufler leurs erreurs, il ne sera pas possible de favoriser l'apprentissage dans les organisations (Nutt, 1989). Comme le remarque D'Aprix (1982), persuadés de ne pas avoir droit à l'erreur, les gestionnaires utilisent des stratégies diverses pour survivre. Certains deviennent indépendants et prudents de façon rigide, n'acceptent aucune idée nouvelle et ne prennent aucun risque. D'autres trouvent le moyen d'être le plus discrets possible, de sorte que si quelque chose de malencontreux survient, personne ne songera à les blâmer. Enfin, la plupart des gestionnaires investissent beaucoup de temps et d'énergie à élaborer des stratégies visant à se protéger. Dans un environnement qui ne tolère pas l'erreur, la communication sert dès lors principalement à prévenir les accusations et à démontrer sa non-culpabilité.

Pour apprendre à partir des erreurs, il importe donc de promouvoir une culture dans laquelle la transmission des mauvaises nouvelles est non seulement tolérée, mais valorisée et institutionnalisée (Young et Post, 1993). La transmission de l'information juste, y compris les erreurs, les maladresses, les bévues, procure des avantages stratégiques importants. Être capable de reconnaître ses erreurs, de s'excuser sans se justifier et sans que cela ne soit perçu comme un signe de faiblesse ou d'échec implique le renoncement à une image d'infaillibilité et de toute-puissance. De façon paradoxale, «le fait de reconnaître avec lucidité son ignorance, ses faiblesses, ses manques, ses erreurs constitue le fondement de la confiance en soi» (Senge, 1990, p. 142).

Mais alors, objecte-t-on, comment viser l'excellence et la qualité tout en reconnaissant aux individus le droit à l'erreur? Pour répondre à cette question, il faut éviter de confondre les niveaux personnels et organisationnels. En effet, pour viser l'excellence et la qualité dans l'organisation, il importe qu'individuellement les personnes apprennent à sortir de l'obsession de l'excellence, à se libérer des diktats de la réussite à tout prix et, ainsi, pouvoir se développer à partir de leurs erreurs (Lyr, 1993). C'est un changement majeur qui est requis et c'est l'un des changements qui ne peut advenir que si les personnes au sommet de la hiérarchie organisationnelle donnent le ton en s'engageant dans des processus qui le favorisent.

3. Des lieux de changement

Il va sans dire que de tels changements culturels ne peuvent résulter des seules démarches individuelles. La direction doit mettre en place des mécanismes incitatifs et encourager fortement les initiatives en ce sens.

3.1. *Soutenir la formation continue*

Sans avoir développé des habiletés à écouter, à questionner, à confronter, il est difficile, voire impossible de promouvoir une culture où l'apprentissage est aussi valorisé que les acquis. Les gestionnaires, principalement les cadres supérieurs, doivent avoir l'humilité de se donner les moyens de parfaire leurs habiletés de communication interpersonnelle. Une tolérance quelque peu condescendante à l'endroit d'une telle formation pour les cadres ne suffit pas. Par exemple, Papa et Graham (1991) trouvent que, sur trois évaluations à long terme, comparativement à un groupe contrôle, les gestionnaires ayant participé à une formation aux habiletés de communication ont reçu des cotes significativement plus élevées en ce qui avait trait à la qualité de leurs communications, à la résolution de problèmes et à la productivité.

Pour être efficace, il est cependant essentiel que la formation donnée soit spécifique et adaptée au contexte des gestionnaires. Ainsi, comme le rapporte Python (1990), les dispositifs spécifiques de formation peuvent augmenter de façon considérable les attitudes empathiques, alors que des devis inadaptés ne semblent guère plus efficaces qu'une absence totale de formation! La formation aura, par ailleurs, plus d'impact si elle rejoint l'ensemble des gestionnaires d'une organisation que si seulement quelques individus isolés sont invités à la suivre.

3.2. Développer des groupes d'apprentissage

Le colloque le plus stimulant, la journée d'étude la plus riche, la conférence la plus motivante auront peu d'impacts réels dans l'organisation s'ils ne sont que des événements ponctuels laissant d'agréables souvenirs.

L'apprentissage de nouvelles manières de gérer et d'interagir ne peut se faire par le biais de tels types d'activités essentiellement cognitives. C'est dans et par l'interaction que l'apprentissage dans ce domaine est le plus riche. Comme l'observe Brookfield (1987), les apprentissages réussis adviennent surtout dans des réseaux. Les gens qui explorent de nouvelles aires de connaissance ou d'habiletés le font fréquemment de façon délibérée et consciente à l'intérieur d'un groupe de compagnons ou de compagnes d'apprentissage.

Paradoxalement, bien que sollicités de toutes parts et participant à de nombreux comités, les gestionnaires vivent beaucoup d'isolement dans le milieu du travail et la plupart le déplore vivement. Les gestionnaires qui remplissent leur rôle de façon satisfaisante ne peuvent compter sur le soutien constant de leurs collaborateurs. C'est pourquoi des rencontres entre gestionnaires portant sur le processus même de gestion constituent une forme de ressourcement des plus valables. Des échanges où les gestionnaires abordent ouvertement les succès et les difficultés qu'ils rencontrent permettent souvent l'émergence d'innovations en matière de gestion.

Dans une organisation, les personnes qui croient à l'importance de la qualité des communications interpersonnelles constituent des ressources inestimables pour assurer le suivi des initiatives en ce sens, à condition toutefois qu'elles soient écoutées et que leurs points de vue et leurs suggestions soient pris en compte.

Quelles qu'en soient les modalités concrètes, le développement de groupes ou de réseaux d'apprentissage ne peut avoir que des retombées positives sur le fonctionnement de l'organisation.

3.3. Entreprendre une réflexion collective sur l'exercice du pouvoir

Les changements nombreux et rapides qui affectent les organisations font souvent surgir des problèmes reliés au pouvoir entre les gestionnaires et leurs collaborateurs. En effet, gérer des réseaux complexes de personnes très compétentes, qu'il s'agisse de professionnels ou de techniciens, exige une maîtrise avancée des habiletés de communication interpersonnelle et une nouvelle conception du pouvoir.

Le pouvoir ne peut donc être laissé à l'écart d'une discussion sur la gestion, la communication et le leadership. Pourtant, c'est ce qui se passe trop souvent. On fait comme si les changements demandés pouvaient être amorcés sans remettre en cause l'exercice du pouvoir et de l'autorité.

La révision de sa conception du pouvoir reste l'un des changements les plus importants exigés par une telle démarche. Actuellement, le changement de style de gestion est souvent perçu comme une demande de renoncer à son pouvoir et de le remplacer par une approche permissive contre-productive. Il faudra, par conséquent, sortir de la dichotomie énoncée par D'Aprix (1988, p. 269): «soit être dur et obtenir des résultats, soit être mou et vous faire exploiter». Selon Bennis et Nanus (1987, p. 182), l'un des mythes les plus tenaces et les plus destructeurs concernant le leadership renvoie au leader qui domine, dirige, stimule et manipule. Or, «le leadership n'est pas tant l'exercice du pouvoir que le partage du pouvoir».

Il semble, par conséquent, essentiel de clarifier la notion de pouvoir afin de ne pas confondre le pouvoir formel, l'exercice de l'influence et le besoin de pouvoir personnel. Il faut revoir les conceptions désuètes du pouvoir. Le pouvoir n'est pas là où l'on gagne aux dépens de plus faible que soi. Le pouvoir ne réside pas dans le contrôle d'autrui sans influence réciproque. Le véritable pouvoir, dans la perspective du changement préconisé, implique un partage des ressources et des compétences. Nous sommes ici bien loin d'un laisser-faire et d'une permissivité non productive. Le partage du pouvoir et son exercice non manipulatoire est, au contraire, très exigeant. Une réflexion collective sur le pouvoir débouchera inévitablement sur l'analyse des concepts de participation et de responsabilisation.

Vouloir responsabiliser les employés n'a pas plus de sens que de vouloir rendre un enfant autonome. La responsabilité, comme l'autonomie et la liberté, sont, par définition, le fait du sujet et ne peuvent être le résultat de l'action d'une autre personne. «Je te laisse ta liberté», «je veux que tu sois autonome», «je te responsabilise» sont des injonctions paradoxales. Responsabiliser signifie reconnaître les contributions, donner le crédit à qui il revient, laisser émerger les initiatives et non donner des responsabilités précises et en contrôler minutieusement l'exécution.

En ce qui concerne la participation, la position des gestionnaires est ambivalente. Comme le mentionne Hermel (1988, p. 176),

> [...] *quand les gestionnaires parlent de gestion plus participative, ils y sont favorables à l'égard de leurs collaborateurs dans la mesure où cela n'empiète pas sur la prise de décision et le contrôle; ils défendent alors la participation comme un moyen d'améliorer l'état d'esprit et la satisfaction de leurs managés tout en mettant en doute les capacités de ces derniers à apporter une contribution significative à la conception de l'activité et à la prise de décision. À l'inverse, ils considèrent que leurs propres supérieurs hiérarchiques devraient mieux utiliser les ressources, la capacité d'innovation et la volonté de changement de leurs collaborateurs. En outre, ils pensent qu'un accroissement de leur pouvoir de décision et de contrôle devrait entraîner une amélioration des performances de leur unité.*

Ce discours paradoxal mérite sûrement qu'on s'y attarde.

L'innovation en matière de participation ne consiste pas à **faire participer** les membres d'une organisation, mais à créer des conditions qui ne les empêchent pas de participer, qui ne les punissent pas subtilement pour leurs initiatives. Combien de fois un collaborateur qui suggère une solution à un problème se voit-il demander d'écrire un rapport auquel on ne donnera aucune suite ? De même, combien de fois une collaboratrice qui, dans une réunion, propose d'examiner une problématique ne reçoit-elle pas le mandat de mettre en place un comité de travail qui n'aura qu'une portée symbolique ? Ces pratiques ont pour effet d'inciter chacun à se tenir coi afin d'éviter une surcharge de travail dont le résultat risque fort d'être relégué aux oubliettes. Une autre possibilité existe, c'est celle de voir sa suggestion récupérée par la personne en autorité qui la fait sienne et s'en attribue le mérite. Dans tous les cas, la participation des collaborateurs et collaboratrices se heurte aux modèles d'autorité et d'exercice du pouvoir prévalant dans l'organisation.

En somme, rendre la communication organisationnelle plus efficace ne peut se faire uniquement par la présentation de discours, si convaincants soient-ils, ni par l'introduction de mécanismes tellement lourds et compliqués qu'ils ne laissent plus de temps aux personnes pour se parler. Un changement dans les façons de gérer et d'interagir requiert l'engagement de l'ensemble des membres de l'organisation et d'abord celui des personnes se trouvant au sommet de la hiérarchie.

CONCLUSION

Cet livre porte essentiellement sur la dimension interpersonnelle de la gestion. L'importance accordée ici à la dimension interactive ne doit pas être interprétée comme une volonté de minimiser l'importance des facteurs structurels et fonctionnels qui constituent le cadre d'action des gestionnaires. La communication ne doit pas non plus être vue comme un remède à tous les problèmes organisationnels.

La position adoptée reflète, dans un premier temps, la conviction que les nouvelles formes de gestion préconisées aujourd'hui ne peuvent être actualisées que si l'ensemble des gestionnaires développe de fortes compétences sur le plan interpersonnel. De telles compétences sont également requises pour composer avec la diversité des motivations, des attitudes et des valeurs dont les collaborateurs sont porteurs.

Dans un deuxième temps, l'orientation préconisée correspond également à celle de plusieurs gestionnaires. En effet, la plupart des gestionnaires semblent assez bien outillés en ce qui a trait aux techniques de gestion. Par contre, ces personnes se retrouvent souvent démunies lorsqu'elles ont à dénouer des difficultés interpersonnelles.

Le développement des habiletés de communication que sont l'écoute, le questionnement et le feed-back ouvre de nombreuses possibilités, toutes largement inexploitées. La synergie tant recherchée dans les organisations repose d'abord et avant tout sur l'écoute et l'intégration des différences. La pensée critique, l'innovation, la résolution de problèmes ne peuvent être favorisés sans l'habileté à questionner de façon juste, précise et pertinente. Le feed-back, aussi bien positif que critique, se trouve au cœur même de l'efficacité organisationnelle.

Le développement des habiletés de communication est à la fois limité et facilité par le style personnel de communication. L'utilisation de la typologie que nous avons proposée permet d'entrevoir la nécessaire articulation entre la pensée, le sentiment, l'action et l'intuition.

Comme le développement des habiletés de communication demeure un processus profondément humain, il exige de procéder par essais et erreurs, d'agir et de réfléchir, de recourir autant à l'intuition qu'à la logique, d'intégrer l'émotif et le rationnel.

Développer des habiletés de communication est également un processus interpersonnel. Apprendre à communiquer de façon plus efficace et plus satisfaisante ne peut se faire en vase clos: cet apprentissage requiert l'interaction avec d'autres personnes. Dans le contexte organisationnel, il sera facilité dans la mesure où certaines valeurs et attitudes feront partie intégrante de la culture organisationnelle. À cet égard, nous avons souligné l'importance de la connaissance de soi, de l'intégration des dimensions émotives et intuitives et de l'apprentissage à partir des erreurs. Si ces dimensions ne sont pas valorisées dans l'organisation, l'amélioration de la communication s'avérera un but vain et illusoire.

Les personnes qui occupent des postes de direction ou d'encadrement supérieur ont un rôle crucial à jouer dans la mise en œuvre de ces changements. Elles seront les premières à pouvoir faire en sorte que le plaisir de travailler ensemble l'emporte sur l'anxiété de performer à tout prix.

BIBLIOGRAPHIE

ALBRECHT, T.L. (1988). «Communication and Personal Control in Empowering Organizations», *Communication Yearbook*, 11, 380-390.

ALEXANDER, E., HELMS, M.M. et R.D. WILKINS (1989). «The Relationship Between Supervisory Communication and Subordinate Performance and Satisfaction Among Professionals», *Public Personel Management*, 18, 4, 415-429.

ALLAIRE, F. (1992). «Le groupe de travail», TESSIER, R. et Y. TELLIER (sous la direction de), *Changement planifié et développement des organisations*, tome 7, Sillery, Presses de l'Université du Québec, 97-104.

ARCHIER, G. et H. SÉRIEYX (1986). *Pilotes du 3ᵉ type*, Paris, Seuil.

ARGYRIS, C. (1957). *Personality and Organization: The Conflict Between System and the Individual*, New York, Harper & Row.

ARGYRIS, C. (1962). *Interpersonal Competence and Organizational Effectiveness*, Homewood, Illinois, Dorsey Press.

ARGYRIS, C. et D. SCHÖN (1978). *Organizational Learning: A Theory of Action Perspective*, Reading, Mass., Addison-Wesley.

ARTAUD, J. (1991). *L'écoute: attitudes et techniques*, Lyon, Chronique sociale.

ASHFORD, S.J. (1986). «Feedback-seeking in Individual Adaptation: A Resource Perspective», *Academy of Management Journal*, 29, 3, 465-487.

ASHFORD, S.J. et A.S. TSUI (1991). «Self-regulation for Managerial Effectiveness: The Role of Active Feedback Seeking», *Academy of Management Journal*, 34, 2, 251-280.

ASHFORD, S.J. et L.L. CUMMINGS (1983). «Feedback as an Individual Resource: Personal Strategies of Creating Information», *Organizational Behavior and Human Performance*, 32, 378-398.

ATWATER, L.E. et F.J. YAMMARINO (1992). «Does Self-other Agreement on Leadership Perceptions Moderate the Validity of Leadership and Performance Predictors?», *Personal Psychology*, 45, 141-164.

AUBERT, N. et V. DE GAULEJAC (1989). «De la logique du « donnant-donnant» à l'existence du «toujours plus » : le système managinaire», *Connexions*, 54, 2, 127-144.

AXLEY, S.R. (1984). «Managerial and Organizational Communication in Terms of the Conduit Metaphor», *Academy of Management Review*, 9, 428-437.

BARRON, F. (1953). «Complexity-Simplicity as a Personality Dimension», *The Journal of Abnormal and Social Personality*, 48, 2, 163-172.

BARTUNEK, J.M., GORDON, J.R. et R. WEATHERSBY (1983). «Developing «Complicated» Understanding in Administrators», *Academy of Management Review*, 8, 2, 263-273.

BATESON, G. (1971). «Positions théoriques», dans WINKIN, Y. (sous la direction de), *La nouvelle communication*, Paris, Seuil, 1981, 115-144.

BEATTY, M. et S. PAYNE (1984). «Listening Comprehension as a Function of Cognitive Complexity», *Communication Monographs*, 51, 85-89.

BENNIS, W.G. (dir.) (1968). *Interpersonal Dynamics: Essays and Readings on Human Interaction* (2ᵉ éd. rev.), Homewood, Illinois, Dorsey Press.

BENNIS, W. et B. NANUS (1985). *Diriger: les secrets des meilleurs leaders*, traduction française par C. Durieux. Paris, InterÉditions, 1985.

BENNIS, W. (1991). *Profession: Leader*, traduction française par C. Durieux. Paris, InterÉditions, 1989.

BLOCK, P. (1987). *The Empowered Manager: Positive Political Skills at Work*. San Francisco, CA., Jossey-Bass.

BOLTON, R. (1979). *People Skills*, Englewood Cliffs, N.J., Prentice-Hall.

BOLTON, R. et D.G. BOLTON (1984). *Social Style/Management Style*, New York, American Management Association.

BORMANN, E.G. (1980). *Communication Theory*, New York, Holt, Rinehart and Winston.

BORZEIX, A. et D. LINHART (1988). «La participation: un clair-obscur», *Sociologie du travail*, 17, 1, 37-53.

BORZEIX, A. (1987). «Ce que parler peut faire», *Sociologie du travail*, 20, 2, 157-176.

BOUCHARD, M.-A. (1990). «Les visions du réel et la psychothérapie», *Psychologie canadienne*, 31, 1, 38-43.

BROOKFIELD, S. (1987). *Developing Critical Thinkers: Challenging Adults to Explore Alternatives Ways of Thinking and Acting*, San Francisco, Ca., Jossey-Bass.

BUDNER, S. (1962). «Intolerance of Ambiguity as a Personality Variable», *Journal of Personality*, 30, 29-50.

BURLEY-ALLEN, M. (1982). *Listening: The Forgotten Skill*, New York, John Wiley.

BYRUM, B. (1986). «A Primer on Social Styles», *The Annual Developing Human Resources*, San Diego, University Associates.

CHALVIN, D. et F. EYSSETTE (1990). *Comment sortir des petits conflits dans le travail*, Paris, Dunod.

CHENU, R. (1992). *Favoriser la relation*, Paris, Chotard.

COHEN, S.L. et C.L. JAFFEE (1982). «Managing Human Performance for Productivity», *Training and Development Journal*, 36, 12, 94-100.

COUPLAND, N., WIEMANN, J.M. et H. GILES (dir.) (1991). «*Miscommunication*» *and Problematic Talk*, Newbury Park, Sage.

CROZIER, M. (1989). *L'entreprise à l'écoute*, Paris, InterÉditions.

CUSELLA, L.P. (1987). «Feedback, Motivation, and Performance», dans JABLIN, F.M., PUTNAM, L.L., ROBERTS, K.H. et L.W. PORTER (dir.), *Handbook of Organizational Communication*, Newbury Park, Sage, 624-678.

DALY, J.A. et C.A. DIESEL (1992). «Measures of Communication-related Personality Variables», *Communication Education*, 41, 4, 405-411.

DALY, J.A., VANGELISTI, A.L. et S.M. DAUGHTON (1987). «The Nature and Correlates of Conversational Sensitivity», *Human Communication Research*, 14, 2, 167-202.

DANCE, F.E.X. et C.E. LARSON (1976). *The Functions of Human Communication: A Theoretical Approach*, New York, Holt, Rinehart & Winston.

DANIELS, T.D. et B.K. SPIKER (1987). *Perspectives on Organizational Communication*, Dubuque, Ohio, WM. C. Brown.

D'APRIX, R. (1982). *Communicating for Productivity*, New York, Harper & Row.

D'APRIX, R. (1988). «Communication as Process: The Manager's View», dans GOLDHABER, G.M. et G.A. BARNETT (dir.), *Handbook of Organizational Communication*, Norwood, NJ, Ablex, 265-271.

DARLING, J.R. (1991). «Total Quality Management: The Key Role of Leadership Strategies», *Leadership and Organization Development Journal*, 13, 4, 3-7.

DAVIS, M.H. (1983). «Measuring Individual Differences in Empathy: Evidence for a Multidimensional Approach», *Journal of Personality and Social Psychology*, 44, 1, 113-126.

DE LA ROCHEFORDIÈRE, Y. (1990). *Du conflit au dialogue: tous gagnants*, Paris, Éditions d'Organisation.

DELIA, J.G., O'KEEFE, B.J. et D.J. O'KEEFE (1982). «The Constructivist Approach to Communication», dans DANCE, F.E.X. (sous la direction de), *Human Communication Theory: Comparative Essays*, New York, Harper & Row.

DE PREE, M. (1990). *Diriger est un art*, Paris, Rivages/les Échos, 1987.

DEVITO, J.A. (1991). *The Interpersonal Communication Book* (6ᵉ éd.), New York, Harper Collins.

DILLON, J.T. (1990). *The Practice of Questioning*, London, Routledge.

DILLON, J.T. (1986). «Questioning», dans HARGIE, O. (dir.), *Handbook of Communication Skills*, New York, New York University Press, 95-127.

DILLON, J.T. (1984). «Research on Questioning and Discussion», *Educational Leadership*, 42, 3, 50-56.

DONNELLON, A., GRAY, B. et M.G. BOUGON (1986). «Communication, Meaning, and Organized Action», *Administrative Science Quarterly*, 31, 43-55.

DOWNS, T.M. et V.C. DOWN (1989). «Validity of the Management Communication Style Construct», *Communication Research Reports*, 6, 1, 59-61.

DRAI, R. (1981). *Le pouvoir et la parole*, Paris, Payot.

DRUCKER, P.F. (1974). *L'efficacité, objectif numéro 1 des cadres*, traduction française par J.-E. Leymarie, Paris, Éditions d'Organisation, 1968.

DRUCKER, P.F. (1975). *La nouvelle pratique de la direction des entreprises*, traduction française par Ellis Hemsi *et al.*, Paris, Éditions d'Organisation, 1973.

DRUCKMAN, D. (1967). *Negotiations, Social Psychological Perspectives*, Beverly Hills, Cal., Sage.

DUCAN, P.K. et L.R. BRUWELHEIDE (1986). «Feedback: Use and Possible Behavioral Functions», *Journal of Organizational Behavior Management*, 7, 3/4, 91-114.

DURAND, J. (1981). *Les formes de la communication*, Paris, Dunod.

EISENBERG, E.M. (1990). «Jamming: Transcendence Through Organizing», *Communication Research*, 17, 2, 139-164.

EISENBERG, E.M. et S.R. PHILLIPS (1991). «Miscommunication in Organizations», dans COUPLAND, N., WIEMANN, J.M. et H. GILES (dir.), «*Miscommunication*» *and Problematic Talk*, Newbury Park, Sage, 244-258.

EISENBERG, E.M., MONGE, P.R. et R.V. FARACE (1984). «Coorientation on Communication Rules in Managerial Dyads», *Human Communication Research*, 11, 2, 261-271.

EISENBERG, E.M. et P. RILEY (1988). «Organizational Symbols and Sense-Making», dans GOLDHABER, G.M. et G.A. BARNETT (dir.), *Handbook of Organizational Communication*, Norwood, NJ., Ablex.

EISENBERG, E.M. (1984). «Ambiguity as Strategy in Organizational Communication», *Communication Monographs*, 51, 227-242.

ELSEA, J.N. (1987). «Management Communications – Form and Substance», *Clinical Laboratory Management*, 1, 1, 37-41.

EVERETT, R.D. et J.C. SELMAN (1989). «Coaching and the Art of Management», *Organizational Dynamics*, 18, 2, 16-32.

FAIRHURST, G.T., GREEN, S.G. et B.K. SNAVELY (1984). «Face Support in Controlling Poor Performance», *Human Communication Research*, 11, 2, 272-295.

FAIRHURST, G.T., ROGERS, L.E. et R.A. SARR (1987). «Manager-Subordinate Control Patterns», dans MCLAUGHIN, M.L. (dir.) *Communication Yearbook 10*, Newbury Park, Sage, 395-415.

FELTS, A.A. (1992). «Organizational Communication : A Critical Perspective», *Administration and Society*, 23, 4, 495-513.

FISHER, C.D. (1979). «Transmission of Positive and Negative Feedback to Subordinates: A Laboratory Investigation», *Journal of Applied Psychology*, 64, 5, 533-540.

FLOYD, J.J. (1988). *Vers une meilleure écoute*, traduction française par Sidac, Ottawa, Les éditions Saint-Yves.

FOUCHER, R. et G. SOUCY (1991). «Le climat organisationnel», dans TESSIER, R. et Y. TELLIER (sous la direction de), *Changement planifié et développement des organisations*, tome 4, Sillery, Les Presses de l'Université du Québec, 198-232.

GERGEN, K. (1985). «The Social Constructionist Movement in Modern Psychology», *American Psychologist*, 40, 3, 266-275.

GIBB, J.R. (1961). «Defensive Communication», *Journal of Communication*, 11, septembre, 141-148.

GIRIN, J. (1982). «Langage en actes et organisations», *Économies et Sociétés*, 3, 16, 1559-1591.

GOGUELIN, P. (1983). *La formation continue*, Paris, Presses universitaires de France.

GOLDHABER, G.M., DENNIS, H.S., RICHETTO, G.M. et O.A. WIIO (1979). *Information Strategies: New Pathways to Corporate Power*, Englewood Cliffs, NJ, Prentice-Hall.

GOLDHABER, G.M., YATES, M., PORTER, D. et R. LESNIAK (1978). «Organizational Communication: State of the Art», *Human Communication Research*, 5, 76-96.

GOLDSMITH, D. (1992). «Managing Conflicting Goals in Supportive Inter-action: An Integrative Theoretical Framework», *Communication Research*, 19, 2, 264-286.

GOSS, B. (1982). «Listening as Information Processing», *Communication Quarterly*, 30, 4, 305-307.

GRAEN, G. et T.A. SCANDURA (1987). «Toward a Psychology of Dyadic Organizing», *Research in Organizational Behavior*, 9, 175-208.

GRAESSER, A.C. et J.B. BLACK (dir.) (1985). *The Psychology of Questions*, Hillsdale, NJ., Lawrence Erlbaum.

GRONN, P.C. (1983). «Talk as the Work», *Administrative Science Quarterly*, 28, 1, 1-21.

HALE, C.L. (1980). «Cognitive Complexity-Simplicity as a Determinant of Communication Effectiveness», *Communication Monographs*, 47, 304-311.

HALL, J. (1975). «Interpersonal Style and the Communication Dilemma: II. Utility of the Johari Awareness Model for Genotypic Diagnoses», *Human Relations*, 28, 715-736.

HANSER, L.M. et P.M. MUCHINSKY (1980). «Performance Feedback Information and Organizational Communication: Evidence of Conceptual Convergence», *Human Communication Research*, 7, 68-73.

HART, R.P., CARLSON, R.E. et W.F. EADIE (1980). «Attitudes toward Communication and the Assessment of Rhetorical Sensitivity», *Communication Monographs*, 44, 1-22.

HAY, J. (1990). «Managerial Competences or Managerial Characteristics?», *Management Education and Development*, 21, 5, 305-315.

HELLRIEGEL, D. et J.W. SCLOCUM (1974). «Organizational Climate: Measures, Research and Contingencies», *Academy of Management Journal*, 17, 2, 255-280.

HERMEL, P. (1988). *Le management participatif*, Paris, Éditions d'Organisation.

HEROLD, D.M. et M.M. GRELLER (1977). «Feedback: The Definition of a Construct», *Academy of Management Journal*, 20, 1, 142-147.

HILL, L.A. (1992). *Becoming a Manager: Mastery of a New Identity*, Boston, Harvard Business School Press.

HOWELL, W.S. (1982). *The Empathic Communicator*, Belmont, CA., Wasdsworth.

HUNT, G.T. et L.P. CUSELLA (1983). «A Field Study of Listening Needs in Organizations», *Communication Education*, 32, 393-401.

HUNT, G.T. (1980). *Communication Skills in the Organization*, Englewoods Cliffs, NJ, Prentice-Hall.

JABLIN, F.M. (1979). «Superior-subordinate Communication: The State of the Art», *Psychological Bulletin*, 86, 6, 1201-1222.

JOHNS, G. (1988). *Organizational Behavior: Understanding Life at Work* (2ᵉ éd.), Glenview, IL, Scott, Foresman.

JONHSON, J.A., CHEEK, J.M. et R. SMITHER (1983). «The Structure of Empathy», *Journal of Personality and Social Psychology*, 45, 1299-1312.

KAEPPELIN, P. (1987). *L'écoute; mieux écouter pour mieux communiquer*, Paris, Éditions ESF.

KANTER, R.M. (1987). «Vers quels systèmes de rémunération?», *Harvard-L'expansion*, automne, 69-86.

KANTER, R.M. (1983). *The Change Masters*, New York, Simon and Schuster.

KEEN, E. (1976). «Confrontation and Support: On the World of Psychotherapy», *Psychotherapy: Theory, Research and Practice*, 13, 4, 308-315.

KLEIN, J.I. (1988). «The Myth of the Corporate Political Jungle: Politicization as a Political Strategy», *Journal of Management Studies*, 25, 1, 1-12.

KOZLOWSKY, S.W.J. et M.L. DOHERTY (1989). «Integration of Climate and Leadership: A Neglected Issue», *Journal of Applied Psychology*, 7, 4, 546-553.

LABRUFFE, A. (1990). *L'entreprise communicante*, Bordeaux, Socrate.

LANDIER, H. (1991). *L'entreprise intelligente*, Paris, Calmann-Lévy.

LARSON, J.R. Jr. (1989). «The Dynamic Interplay Between Employees' Feedback Seeking Strategies and Superiors' Delivery of Feedback Performance», *Management Review*, 14, 3, 408-422.

LARSON, J.R. Jr. (1984). «The Performance Feedback Process: A Preliminary Model», *Organizational Behavior and Human Performance*, 33, 42-76.

LAYOLE, G. (1984). *Dénouer les conflits professionnels*, Paris, Éditions d'Organisation.

LEE, C. (1990). «Talking Back to the Boss», *Training*, 27, 4, 29-35.

LEWIS, P.H. (1987). *Organizational Communication: The Essence of Effective Management*, (3ᵉ éd. rev.), New York, John Wiley & Sons.

LIKERT, R. (1961). *New Patterns of Management*, New York, McGraw-Hill.

LYR, G. (1993). *La mise en scène de soi*, Paris, Éditions d'Organisation.

MABE III, P.A. et S.G. WEST (1982). «Validity of Self-evaluation of Ability: A Review and Meta-analysis», *Journal of Personality and Social Psychology*, 67, 280-296.

MAINMON, Z. (1986). «Business Studies and the Development of Managerial Skills», *Studies in Educational Evaluation*, 6, 1, 83-97

MARC, E. et D. PICARD (1989). *L'interaction sociale*, Paris, Presses universitaires de France.

MARC, E. et D. PICARD (1984). *L'École de Palo Alto*, Paris, Éditions Retz.

MARC, E. et D. PICARD (1991). «Interaction et production du sens en situation de groupe», *Connexions*, 57, 120-131.

MARSHALL, A.A. et C. STOHL (1993). «Participating as Participation: A Network Approach», *Communication Monographs*, 60, 2, 137-157.

MARSHALL, V. et R. CACIOPPE (1986). «A Survey of Differences in Communication Between Managers and Subordinates», *Leadership and Organization Development Journal*, 7, 5, 17-25.

MARTIN, R.J. (1983). *A Skills and Strategies Handbook for Working with People*, Englewoods Cliffs, NJ, Prentice-Hall.

MARTIN, S. (1982). *Managing Without Managers*. Beverly Hills, CA, Sage.

MARUYAMA, M. (dir.) (1992). *Context and Complexity: Cultivation Contextual Understanding*, New York, Springer-Verlag.

MASTENBROEK, W.F.G. (1987). *Conflict Management and Organization Development*, New York, John Wiley & Sons.

MATHISON, D.L. (1988). «Assumed Similarity in Communication Styles», *Group and Organization Study*, 13, 1, 100-110.

MCGREGOR, D. (1960). *La dimension humaine de l'entreprise*, traduction française par J. Ardoino et M. Lobrot, Paris, Gauthier Villars, 197 p.

MEHRABIAN, A. (1971). *Silent Messages*, Belmont, CA., Wadsworth.

MEISSNER, M. (1976). «The Language at Work», dans DUBIN, R. (dir.), *Handbook of Work, Organization, and Society*, Chicago, Rand McNally, 118-152.

MERRILL, D.W. et R.H. REID (1982). *Personal Styles and Effective Performance*, Radnor, Pennsylvania, Chilton.

MILLS, E.P. (1974). *Listening: Key to Communication*, New York, Petrocelli.

MINTZBERG, H. (1973). *The Nature of Managerial Work*, New York, Harper and Row.

MONTGOMERY, B.M. et R.W. NORTON (1981). «Sex Differences and Similarities in Communicator Style», *Communication Monographs*, 48, 121-132.

MUCCHIELLI, A. (1978). *Les réactions de défense dans les relations interpersonnelles*, Paris, Les éditions ESF.

MURRELL, K.L. (1992). «The Abilene Antidote: Empowerment», *Organization Development Journal*, 10, 3, 47-52.

NICHOLS, R.G. et L.A. STEVENS (1957). *Are you listening?*, New York, McGraw-Hill.

NICOTERA, A.M., SMILOWITZ, M. et J.C. PEARSON (1990). «Ambiguity Tolerance, Conflict Management Style and Argumentativeness as Predictors of Innovativeness», *Communication Research Reports*, 7, 2, 125-131.

NORTON, R.W. (1978). «Foundation of a Communicator Style Construct», *Human Communication Research*, 4, 2, 99-112.

NORTON, R.W. (1975). «Measurement of Ambiguity Tolerance», *Journal of Personality Assessment*, 39, 6, 607-619.

NORTON, R.W. (1983). *Communicator Style: Theory, Applications, and Measures*, Beverly Hills, CA, Sage.

NUTT, P.C. (1989). *Making Though Decisions*, San Francisco, CA, Jossey-Bass.

NYKODYM, N. (1988). «Organizational Communication Theory: Interpersonal and Non-interpersonal Perspectives», *Communications*, 14, 2, 7-18.

O'CONNELL, S.E. (1979). *The Manager as Communicator*, New York, Harper & Row.

O'REILLY, C.A.III et J.C. ANDERSON (1980). «Trust and the Communication of Performance Appraisal Information: The Effect of Feedback on Performance and Job Satisfaction», *Human Communication Research*, 6, 4, 290-298.

ORGOGOZO, I. (1988). *Les paradoxes de la communication*, Paris, Éditions d'Organisation.

ORGOGOZO, I. (1987). *Les paradoxes de la qualité*, Paris, Éditions d'Organisation.

ORTH, C.D., WILKINSON, H.E. et R.C. BENFARI (1987). «The Manager's Role as Coach and Mentor», *Organizational Dynamics*, 15, 4, 66-74.

PACANOWSKY, M.E. et N. O'DONNELL-TRUJILLO (1983). «Organizational Communication as Cultural Performance», *Communication Monographs*, 50, 126-147.

PACANOWSKY, M. (1988). «Communication and Empowering Organization», *Communication Yearbook*, 11, 356-379.

PACE, R.W. et D.F. FAULES (1989). *Organizational Communication* (2ᵉ édition), Englewood Cliffs, NJ, Prentice-Hall.

PAPA, M.J. et E.E. GRAHAM (1991). «The Impact of Diagnosing Skill Deficiences and Assessment-based Communication Training on Managerial Performance», *Communication Education*, 40, 368-384.

PASMORE, W.A. et M.R. FAGANS (1992). «Participation, Individual Development, and Organizational Change: A Review and Synthesis», *Journal of Management*, 18, 2, 375-397.

PAVETT, C.M. (1983). «Evaluation of the Impact of Feedback on Performance and Motivation», *Human Relations*, 36, 7, 641-654.

PAYETTE, A. (1988). *L'efficacité des gestionnaires et des organisations*, Sillery, Presses de l'Université du Québec.

PENLEY, L.E. et B. HAWKINS (1985). «Studying Interpersonal Communication in Organizations: A Leadership Application», *Academy of Management Journal*, 28, 2, 309-326.

PENLEY, L.E., ALEXANDER, E.R., JERNIGAN, I.E. et C.I. HENWOOD (1991). «Communication Abilities of Managers: The Relationship to Performance», *Journal of Management*, 17, 1, 57-76.

PICARD, D. (1983). *Du code au désir*, Paris, Dunod.

PONDY, L.R., FROST, P.J., MORGAN, G. et T.C. DANDRIDGE (1983). *Organizational Symbolism*, Greenwich, CN, JAI Press.

PROBST, G.J.B. et P. GOMEZ (1992). «Thinking in Networks to Avoid Pitfalls of Managerial Thinking», dans MARUYAMA, M. (dir.), *Context and Complexity: Cultivation Contextual Understanding*, New York, Springer-Verlag, 91-108.

PUTNAM, H. (1990). *Représentation et réalité*, Paris, Gallimard.

PYTHON, G. (1990). «Évaluer diverses formations à l'entretien de reformulation», *Psychologie française*, 35, 3, 237-251.

QUINN, R.E. (1989). *Beyond Rational Management: Mastering the Paradoxes and Competing Demands of High Performance*, San Francisco, CA, Jossey-Bass.

RANKIN, P.T. (1957). «Listening Ability», dans NICHOLS, R.G. et L.A. STEVENS, *Are you Listening?*, New York, McGraw-Hill, 172-183.

REDDING, W.C. (1972). *Communication Within the Organization: An Interpretative Review of Theory and Research*, New York, Industrial Communication Council.

RICHMOND, V.P. et J.C. MCCROSKY (1985). *Communication, Avoidance, and Effectiveness*, Scottsdale, AZ, Gorsuch Scarisbrick.

ROBERT, M. (1982). *Conflict-management Style Survey*, San Diego, CA., University Associates.

ROBERTS, K.H., O'REILLY III, C.A., BRETTON, G.E. et L.W. PORTER (1974). «Organization Theory and Organizational Communication: A Communication Failure», *Human Relations*, 27, 5, 501-524.

ROGERS, E.M. et R. AGARWALA-ROGERS (1976). *Communication in Organizations*, New York, Free Press, Macmillan.

ROGERS, C.R. (1951). *Client-centered Therapy: Its Current Practice, Implications, and Theory*, Boston, Houghton Mifflin.

ROSEN, S. et A. TESSER (1970). «On Reluctance to Communicate Undesirable Information: The MUM Effect», *Sociometry*, 33, 3, 253-263.

RUBIN, R.B. (1982). «The College Level: The Communication Competency Assessment Instrument», *Communication Education*, 31, 1, 19-32.

SAINSAULIEU, R. (1985). «Culture et sociologie de l'entreprise», *Connexions*, 45, 109-122.

SENGE, P.M. (1990). *The Fifth Discipline: The Art & Practice of the Learning Organization*, New York, Doubleday.

SIDANUS, J. (1988). «Cognitive Functioning and Socio-Politico Ideology», *Perceptual and Motor Skills*, 46, 2, 515-530.

SIMON, H.A. (1987). «Making Management Decisions: The Role of Intuition and Emotion», *Academy of Management Review*, 1, 1, 57-64.

SIMS, H.P. Jr. (1980). «Further Thoughts on Punishment in Organizations», *Academy of Management Review*, 5, 1, 133-138.

SMIRCHICH, L. (1983). «Concepts of Culture and Organizational Analysis», *Administrative Science Quarterly*, 28, 339-358.

SMIRCHICH, L. et G. MORGAN (1982). «Leadership: The Management of Meaning», *Journal of Applied Behavioral Science*, 18, 257-273.

SMITH, P.V. (1987). *Organizational Communication: The Essence of Effective Management* (3ᵉ éd. rev.), New York, Wiley & Sons.

SMITH, V. (1986). «Listening», dans HARGIE, O. (dir.), *Handbook of Communication Skills*, New York, New York University Press, 246-265.

SORENSON, R.T. et G.T. SAVAGE (1989). «Signaling Participation Through Relational Communication: A Test of the Leader Interpersonal Influence», *Group and Organization Studies*, 14, 3, 325-354.

SPITZBERG, B.H. et W.R. CUPACH (1984). *Interpersonal Communication Competence*, Beverly Hills, CA, Sage.

SRIVASTVA, S. et D.L. COOPERRIDER (1986). «The Emergence of Egalitarian Organization», *Human Relations*, 39, 8, 683-724.

ST-ARNAUD, Y. (1986). «La prise en charge de ses relations interpersonnelles», *Revue québécoise de psychologie*, 7, 1-2, 11-25.

STEIL, L.K., BARKER, L.L. et K.M. WATSON (1983). *Effective Listening: Key to your Success*, Reading, MA, Addison-Wesley.

STEINFAT, T.M. (1987). «Personality and Communication: Classical Approaches», dans McCROSKY, J.C. et J.A. DALY (dir.), *Personality and Interpersonal Communication*, Newbury Park, Sage, 42-126.

STREUFERT, S., et A.W. SWEZEY (1986). *Complexity, Managers, and Organizations*, Orlando, Fla., Academic Press.

STUMPF, S.A. et M. LONDON (1981). «Management Promotions: Individual and Organizational Factors Influencing the Decision Process», *Academy of Management Review*, 6, 4, 539-549.

SYPHER, B.D., BOSTROM, R.N. et J.H. SEIBERT (1989). «Listening, Communication Abilities and Success at Work», *Journal of Business Communication*, 26, 4, 293-303.

TELLIER, Y. (1991). «Leadership et gestion», dans TESSIER, R. et Y. TELLIER (sous la direction de), *Changement planifié et développement des organisations*, tome 4, Sillery, Presses de l'Université du Québec, 35-88.

TESSER, A. et S. ROSEN (1975). «The Reluctance to Transmit Bad News», dans BERKOWITZ, L. (dir.), *Advances in Experimental Social Psychology*, vol. 8, New York, Academic Press, 193-232.

TESSIER, R. (1990). «Le sens de la complexité dans les organisations», dans TESSIER, R. et Y. TELLIER (sous la direction de), *Changement planifié et développement des organisations*, tome 2, Sillery, Presses de l'Université du Québec, 55-71.

TESSIER, R. (1992). «L'apprentissage du processus rationnel de résolution de problèmes et de planification du changement social», dans TESSIER, R. et Y. TELLIER (sous la direction de), *Changement planifié et développement des organisations*, tome 7, Sillery, Presses de l'Université du Québec, 275-309.

THOMAS, K. (1976). «Conflict and Conflict Management», dans DUNETTE, M. (dir.), *Handbook of Industrial and Organizational Psychology*, New York, Wiley, 889-935.

THOMPSON, C.A. et D.W. KLOPF (1991). «An Analysis of Social Style Among Disparate Cultures», *Communication Research Reports*, 8, 65-72.

TIMM, P.R. (1980). *Managerial Communication: A Finger on the Pulse*, Englewood Cliffs, NJ, Prentice-Hall.

TJOSVOLD, D. (1987). «Participation: A Close Look at its Dynamics», *Journal of Management*, 13, 4, 739-750.

TOMPKINS, P.K. (1984). «The Functions of Human Communication in Organizations», dans ARNOLD, C. et J.W. BOWERS (dir.), *Handbook of Rhetoric and Communication Theory*, Newton, MA., Allyn-Bacon, 659-719.

TOUZARD, H. (1977). *La médiation et la résolution des conflits*. Paris: Presses universitaires de France.

TRENHOLM, S. et A. JENSEN (1992). *Interpersonal Communication*, (2e édition), Belmont, Cal., Wadsworth.

TRENHOLM, S. (1991). *Human Communication Theory* (2e édition), Englewoods Cliffs, NJ, Prentice-Hall.

VACQUIN, H. (1986). *Paroles d'entreprises*, Paris, Seuil.

VALLERAND, R.J. et G. REID (1988). «On the Relative Effects of Positive and Negative Verbal Feedback on Males' and Females' intrinsic Motivation», *Revue canadienne des sciences du comportement*, 20, 3, 239-250.

VARELA, F.J. (1989). *Connaître*, Paris, Seuil.

VROOM, V.H. et A.G. JAGO (1988). «Managing Participation: A Critical Dimension of Leadership», *Journal of Management Development*, 7, 5, 32-42.

WATZLAWICK, P., BEAVIN, J.H. et D.D. JACKSON (1972). *Une logique de la communication*, traduction française, Paris, Seuil, 1967.

WATZLAWICK, P. (1978). *La réalité de la réalité*, traduction française par E. Roskis, Paris, Seuil, 1976.

WATZLAWICK, P. (1980). *Le langage du changement*, Paris, Seuil.

WEBBER, R.A. (1980). «Perceptions of Interactions between Superiors and Subordinates», *Human Relations*, 23, 235-248.

WEICK, K.E. (1987). «Theorizing about Organizational Communication» dans JABLIN, F.M., PUTNAM, L.L., ROBERTS, K.H. et L.W. PORTER (dir.), *Handbook of organizational communication*, Newbury Park, Sage, 97-122.

WEINRAUCH, J.D. et J.R. SANDA (1975). «Examining the Significance of Listening: An Exploratory Study of Contemporary Management», *Journal of Business Communication*, 13, 1, 25-32.

WEXLEY, K.N., ALEXANDER, R.A., GREENWALT, J.P. et M.A. COUCH (1980). «Attitudinal Congruence and Similarity as Related to Interpersonal Evaluations in Manager-subordinate Dyads», *Academy of Management Journal*, 23, 320-330.

WHEELESS, R., WHEELESS, V.E. et R.D. HOWARD (1984). «The Relationship of Communication with Supervisor and Decision Participation to Employee Job Satisfaction», *Communication Quarterly*, 32, 222-232.

WHEELESS, V.E. et W.B. LASHBROOK (1987). «Style», dans McCROSKEY, J.C. et J.A. DALY (dir.), *Personality and Interpersonal Communication*, Newbury Park, Sage, 243-272.

WIEMANN, J.M. (1977). «Explication and Test of a Model of Communicative Competence», *Human Communication Research*, 3, 3, 195-213.

WIIO, O.A. (1988). «Organizational Communication: Contingent Views», dans GOLDHABER, G.M. et G.A. BARNETT (dir.), *Handbook of Organizational Communication*, Norwood, NJ., Ablex, 95-100.

WOLVIN, A.D. et C.G. COAKLEY (1985). *Listening* (2e éd.), Dubuque, IA., WM. C. Brown.

YOUNG, M. et J.E. POST (1993) «Managing to Communicate, Communicating to Manage: How Leading Companies Communicate with Employees», *Organizational Dynamics*, 22, 1, 31-43.

Corrigés des activités

Activité 2.1 Auto-évaluation des habiletés de communication

Interprétation des résultats

Votre total se situe entre 20 et 50.

De toute évidence, vous êtes plus à l'aise dans les tâches dont vous pouvez vous acquitter seul que dans les rapports interpersonnels; à moins que vous ne soyez très sévère envers vous-même.

Votre total se situe entre 51 et 80.

Vous possédez certaines habiletés de communication, mais d'autres sont moins développées. Cependant, vous êtes conscient de vos limites ce qui constitue un levier important pour le développement personnel.

Votre total se situe entre 81 et 110.

Vous semblez parfaitement à l'aise dans le monde des rapports interpersonnels; il ne vous reste qu'à raffiner les habiletés que vous possédez déjà et à enrichir le répertoire de vos réponses.

Votre total se situe au-delà de 110.

Vous maîtrisez très bien l'ensemble des habiletés de communication; mais, vous connaissez-vous bien?

L'auto-évaluation de nos habiletés de communication n'est pas toujours facile; nous avons tendance à nous surévaluer. Les gestionnaires notamment évaluent difficilement leur modèle de communication interpersonnelle (Mabe et West, 1982; Webber, 1980). Et comme dans le domaine de la communication, les autres sont meilleurs juges que soi, vous pouvez demander à des collègues, à des collaborateurs ou à votre supérieur hiérarchique de procéder à votre évaluation à l'aide de l'activité 2.2.

Activité 2.2 Validation des résultats

Les écarts entre les résultats de votre auto-évaluation et ceux de l'évaluation faite à votre sujet par d'autres personnes doivent être analysés.

Pour procéder à cette analyse, il est important de clarifier et de préciser le sens des énoncés pour les personnes concernées. Par exemple, si l'un de vos collaborateurs vous a attribué la cote 2 au dernier énoncé, T (S'excuse quand c'est approprié, sans se justifier outre mesure) et que vous vous êtes donné la cote 6, il faudrait voir avec cette personne les situations auxquelles elle référait en lisant cet énoncé.

Il faut rappeler toutefois que les perceptions relèvent de la subjectivité de chacun. Chercher à savoir quelle est la bonne perception n'est pas pertinent.

Argumenter pour convaincre l'autre qu'il nous connaît mal ou se trompe est également inutile.

Enfin, cet exercice étant une activité de feed-back, le chapitre 5, particulièrement la section 6. L'intégration du feed-back critique peut vous fournir des pistes utiles.

Activité 3.1 Mon degré de tolérance à l'ambiguïté

Comme il ne s'agit pas d'un test mais bien d'une activité de réflexion, il n'y a pas d'interprétation précise correspondant au résultat obtenu[1].

Cependant, tous les énoncés sont formulés selon une position plutôt intolérante à l'ambiguïté. Donc, plus votre total est faible, plus vous êtes intolérant à l'ambiguïté. Par contre, si vous avez

---

1. Si vous êtes contrarié par cette phrase, voilà une première indication à l'effet que vous êtes une personne qui tolère plus ou moins facilement l'ambiguïté.

obtenu le total le plus élevé possible, soit 105, ou vous vous êtes amusé à être complètement en désaccord, ou vous êtes tout à fait intolérant à toute forme de structure et de certitude.

Commentaires relatifs aux énoncés

A. Il arrive qu'une personne très compétente n'ait pas de réponse à une question pertinente à son domaine.

B. Ah oui! Intéressant!

C. Si nous avions des valeurs semblables, il n'y aurait ni changement, ni évolution.

D. Les gestionnaires doivent souvent laisser certaines choses au hasard; certains choisissent de le faire expressément et ils peuvent être d'excellents gestionnaires.

E. Certaines personnes ont des vies très compliquées.

F. Il arrive qu'une question soit trop complexe pour qu'il soit possible d'y répondre de façon claire et précise.

G. La discussion de certains problèmes n'ayant pas de solution peut créer une synergie entre les personnes, ce qui leur permettra éventuellement de résoudre plus facilement d'autres problèmes.

H. L'action sans réflexion, ni discussion peut parfois devenir de l'activisme et donner des résultats plus ou moins éphémères ou superficiels.

I. Certains problèmes ne doivent-ils pas être acceptés plutôt que résolus?

J. Qu'est-ce que vous entendez par «leurs vérités» aux gens? S'agit-il de **vos** perceptions?

K. Certaines personnes sont plus efficaces quand elles ont l'initiative des modalités d'exécution d'une tâche.

L. Est-il possible de toujours dire ce qu'on pense?

* Les trois derniers énoncés (M, N, O) concernent vos préférences personnelles.

Activité 3.2 Quelle est ma capacité d'écoute ?

Pour chaque énoncé, vous trouverez l'attitude sous-jacente ce qui vous permettra d'identifier vos ressources (groupe I) et vos limites (groupe II) en termes d'attitudes.

GROUPE I		
	Énoncés	**Attitudes**
A.	En situation d'écoute, je réussis à contrôler mon monologue intérieur.	Présence à soi
B.	Je m'en aperçois quand j'entre dans un état défensif.	Présence à soi
C.	Je connais les mots ou les idées qui me font réagir émotivement.	Présence à soi
D.	J'accepte que des problèmes n'aient pas de solution.	Tolérance à l'ambiguïté
E.	Je fais l'effort de comprendre des propos qui me semblent incongrus au départ.	Tolérance à l'ambiguïté
F.	Je prends plaisir à comprendre des idées très différentes des miennes.	Valorisation des différences
G.	J'éprouve beaucoup de réticences à donner des conseils.	Valorisation des différences
H.	J'accepte que les propos de mon interlocuteur puissent m'influencer.	Valorisation des différences
I.	Je me rends disponible pour écouter.	Disponibilité
J.	Je prends le temps d'écouter.	Disponibilité

GROUPE II		
	Énoncés	**Attitudes**
A.	Je prépare ma réplique pendant que l'autre parle.	Écoute distraite
B.	Je donne l'apparence d'écouter même si je ne suis pas vraiment à l'écoute.	Écoute simulée
C.	Je crois savoir ce que l'autre veut dire.	Écoute condescendante
D.	Je me plais à argumenter pour prouver la justesse de mon point de vue.	Difficulté à valoriser les différences
E.	Je tiens à sortir gagnant ou gagnante d'une discussion.	Difficulté à valoriser les différences
F.	Je maintiens toujours une grande rationalité dans mes échanges.	Négation de la dimension émotive
G.	J'aime que les échanges soient brefs et aillent droit au but.	Intolérance à l'ambiguïté
H.	Je supporte difficilement les propos ambigus.	Intolérance à l'ambiguïté
I.	Je cherche rapidement à trouver des solutions.	Intolérance à l'ambiguïté
J.	Je suis capable d'écouter en faisant autre chose.	Non disponibilité

Activité 3.3 Que disent-ils ?

Fragment 1

a.   Réponse mettant l'accent sur le contremaître alors que l'écoute compréhensive doit être centrée sur la personne qui parle.

b.   Réponse défensive ne correspondant pas aux propos de l'interlocuteur.

c.   Réponse moralisatrice et condescendante. Même si c'est juste de croire qu'il revient à l'employé de parler à son superviseur, puisqu'il ne l'a pas fait, c'est qu'il n'est pas prêt à le faire.

d.   Réponse compréhensive qui reformule le sens du propos.

Fragment 2

a.   Réponse compréhensive qui prend acte des sentiments.

b.   Suggestion sous forme de question portant sur le contenu.

c.   Question qui pourrait être utile, dans un deuxième temps, pour ancrer les propos dans la réalité.

d.   Réponse qui risque de provoquer du ressentiment chez l'interlocuteur.

Fragment 3

a.   Réponse qui invalide les propos.

b.   Réponse compréhensive qui reformule les propos.

c.   Question de précision qui pourrait être utile dans un deuxième temps.

d.   Réponse qui se veut encourageante, mais probablement inefficace parce qu'elle ignore ce que dit l'autre. Elle peut être perçue comme une tactique pour couper court à l'échange.

Fragment 4

a.   Réponse qui peut être interprétée, soit comme : « ta contribution n'est pas importante », soit comme une forme de soutien.

b.   Conseil qui laisse entendre une faiblesse chez l'autre.

c.   La première partie est une réponse compréhensive. La deuxième partie suggère une action qui prend en compte à la fois l'insatisfaction personnelle et l'interrogation quant aux autres.

d.   Réponse qui ne prend nullement en considération les propos de l'autre.

Activité 4.1 *Les types de questions*

A. Question fermée qui, dans ce cas, aurait pu être avantageusement remplacée par une question ouverte telle que : « Comment réagis-tu à ce que je dis ? »

B. Question fermée du point de vue formel mais qui appelle une réponse élaborée.

C. Question fermée visant à obtenir une prise de position claire.

D. Question multiple comprenant une question ouverte d'exploration suivie de trois questions fermées.

E. Question ouverte demandant une explication.

F. Question orientée qui déguise l'opinion de la personne qui interroge.

G. Question ouverte qui vise à explorer des réactions.

H. Question fermée demandant un engagement.

I. Question ouverte demandant une suggestion.

J. Question multiple comprenant une question orientée, une question ouverte et une question fermée.

Activité 4.2 *Quel est l'objectif visé par ces questions ?*

1.b La question vise à ancrer dans la réalité. Jeanne aurait pu répondre à la question vague et s'imposer la lecture du projet. Mais par cette question, elle oblige André à préciser les aspects de son projet dont il n'est pas certain.

2.b La question vise à orienter l'échange de façon productive. *Commentaire :* La réponse d'André permet d'envisager directement ce qui l'inquiète dans ce projet.

3.b La question demande du feed-back. *Commentaire :* Jeanne n'assume pas la responsabilité de son collaborateur.

4.b La question suivant la suggestion permet d'explorer la réaction d'André.

5.b La question permet de faire préciser un énoncé vague.

6.b La question amène André à fournir des précisions.

7.b La question oriente vers l'action.

Activité 5.1 De quel type de feed-back s'agit-il?

A. Feed-back **inférentiel** et **vague**. La première partie (tu es vraiment mon meilleur employé) énonce la conclusion du processus inférentiel sans préciser en quoi cet employé est le meilleur. La deuxième partie (tu veux toujours avoir le dernier mot) attribue des intentions, ce qui correspond aussi à un processus inférentiel.

B. Feed-back **descriptif** et **spécifique**.

C. Feed-back **descriptif** et **spécifique** qui précise le comportement et ses conséquences. Il est accompagné d'une marque de courtoisie (je te remercie).

D. Feed-back **descriptif** (quand je te vois regarder ton agenda), **expérientiel** (je n'ai plus le goût de continuer à parler) et **spécifique**.

E. Feed-back **expérientiel, descriptif** et **spécifique** décrivant à la fois la réaction personnelle (j'apprécie), le comportement et les conséquences.

Activité 5.2 Le feed-back efficace

Commentaires

A. Plutôt que de donner directement du feed-back critique, c'est une demande d'auto-évaluation qui est formulée à l'aide d'une question ouverte; cette façon de procéder peut être utile selon la qualité de la relation entre les deux et le degré de maturité de la personne qui doit s'auto-évaluer.

B. Un feed-back descriptif et spécifique dans la première partie suivie d'une demande de confirmation à l'aide d'une question fermée dans la deuxième partie.

C. La suggestion est précise, mais elle laisse place à différentes interprétations de la part de Serge. De plus, elle est faite hors contexte et sans égard pour Serge.

D. Le feed-back est donné selon un mode punitif avec demande de confirmation à l'aide d'une question fermée.

La remarque B est celle qui répond davantage aux exigences du feed-back critique: elle est descriptive, spécifique, donnée avec courtoisie, le lendemain de l'événement et vérifiée auprès de Serge.

Activité 6.1 *Mon style personnel de communication au travail*

Consigne :	Encerclez la lettre correspondant à votre choix pour chacun des énoncés.		

	Analytique	Directif	Aimable	Expressif
1.	d	c	b	a
2.	b	a	c	d
3.	a	b	d	c
4.	a	c	d	b
5.	a	d	b	c
6.	a	d	c	b
7.	a	c	d	b
8.	b	c	a	d
9.	c	b	d	a
10.	c	b	a	d
11.	b	a	d	c
12.	d	c	a	b
13.	c	d	a	b
14.	d	a	c	b
15.	c	a	b	d
16.	a	c	b	d
17.	d	b	c	a
18.	c	d	b	a
19.	b	d	a	c
20.	c	d	a	b
21.	b	d	a	c
22.	c	b	a	d
23.	d	a	b	c
24.	c	a	b	d
25.	b	d	a	c
Totaux				

Interprétation

Si le résultat d'une colonne est nettement plus élevé que ceux des autres colonnes, votre style personnel de communication est très marqué.

Par contre, si vos résultats se partagent à peu près également entre deux colonnes, certaines caractéristiques de l'un des styles sont enrichies par celles de l'autre. D'autres caractéristiques de ce style sont atténuées par celles de l'autre. Les combinaisons plausibles sont: analytique/directif, aimable/analytique, directif/expressif, expressif/aimable. Les combinaisons aimable et directif ainsi qu'analytique et expressif sont plus rares parce que ces deux styles s'opposent selon les deux dimensions: la dominance et la réactivité.

Enfin, si vos résultats montrent une répartition plus ou moins égale entre les quatre styles, vous faites preuve de beaucoup de souplesse.

Comme il s'agit de style personnel de communication, nous vous suggérons de faire compléter le questionnaire par une autre personne à partir de ses perceptions de votre style.

INDEX